高等学校交通运输与工程类专业教学辅导用书

道路勘测设计实习指导手册

谢晓莉　彭余华　**编著**
许金良　**主审**

人民交通出版社股份有限公司
China Communications Press Co.,Ltd.

内 容 提 要

本书针对目前道路勘测设计单位普遍采用的勘测设计工作流程和常用工具，系统地介绍了道路勘测设计实习的组织安排、内容和要求、实施方法和步骤、仪器和软件的使用等。

本书是《道路勘测设计》（第四版）（许金良主编）的配套教材，供道路桥梁与渡河工程、交通工程专业以及土木工程专业的本、专科道路勘测实习教学指导之用，也可作为设计人员从事道路外业勘测和内业设计的参考用书。

图书在版编目（CIP）数据

道路勘测设计实习指导手册/谢晓莉，彭余华编著.
—北京：人民交通出版社股份有限公司，2016.12
ISBN 978-7-114-13304-6

Ⅰ.①道⋯ Ⅱ.①谢⋯ ②彭⋯ Ⅲ.①道路测量—手册②道路工程－设计－手册 Ⅳ.①U412-62

中国版本图书馆 CIP 数据核字（2016）第 211012 号

高等学校交通运输与工程类专业教学辅导用书

书　　名：	道路勘测设计实习指导手册
著 作 者：	谢晓莉　彭余华
责任编辑：	郑蕉林　李　瑞
出版发行：	人民交通出版社股份有限公司
地　　址：	（100011）北京市朝阳区安定门外外馆斜街3号
网　　址：	http://www.ccpress.com.cn
销售电话：	（010）59757973
总 经 销：	人民交通出版社股份有限公司发行部
经　　销：	各地新华书店
印　　刷：	北京鑫正大印刷有限公司
开　　本：	787×1092　1/16
印　　张：	6
字　　数：	137千
版　　次：	2016年12月　第1版
印　　次：	2021年8月　第2次印刷
书　　号：	ISBN 978-7-114-13304-6
定　　价：	15.00元

（有印刷、装订质量问题的图书由本公司负责调换）

高等学校交通运输与工程(道路、桥梁、隧道与交通工程)教材建设委员会

主 任 委 员：沙爱民　（长安大学）

副主任委员：梁乃兴　（重庆交通大学）
　　　　　　陈艾荣　（同济大学）
　　　　　　徐　岳　（长安大学）
　　　　　　黄晓明　（东南大学）
　　　　　　韩　敏　（人民交通出版社股份有限公司）

委　　　员：（按姓氏笔画排序）
　　　　　　马松林　（哈尔滨工业大学）　　王云鹏　（北京航空航天大学）
　　　　　　石　京　（清华大学）　　　　　申爱琴　（长安大学）
　　　　　　朱合华　（同济大学）　　　　　任伟新　（合肥工业大学）
　　　　　　向中富　（重庆交通大学）　　　刘　扬　（长沙理工大学）
　　　　　　刘朝晖　（长沙理工大学）　　　刘寒冰　（吉林大学）
　　　　　　关宏志　（北京工业大学）　　　李亚东　（西南交通大学）
　　　　　　杨晓光　（同济大学）　　　　　吴卫国　（武汉理工大学）
　　　　　　吴瑞麟　（华中科技大学）　　　何　民　（昆明理工大学）
　　　　　　何东坡　（东北林业大学）　　　张顶立　（北京交通大学）
　　　　　　张金喜　（北京工业大学）　　　陈　红　（长安大学）
　　　　　　陈　峻　（东南大学）　　　　　陈宝春　（福州大学）
　　　　　　陈静云　（大连理工大学）　　　邵旭东　（湖南大学）
　　　　　　项贻强　（浙江大学）　　　　　郭忠印　（同济大学）
　　　　　　黄　侨　（东南大学）　　　　　黄立葵　（湖南大学）
　　　　　　黄亚新　（解放军理工大学）　　符锌砂　（华南理工大学）
　　　　　　葛耀君　（同济大学）　　　　　裴玉龙　（东北林业大学）
　　　　　　戴公连　（中南大学）

秘 书 长：孙　玺　（人民交通出版社股份有限公司）

前言

道路勘测设计实习是道路勘测设计课程的一个重要实践性教学环节，是一项综合性专业能力训练。在教师的指导下，学生运用所学的知识，实地开展一段道路的勘测设计实习工作，可以更加系统地掌握道路勘测设计的流程、相关要求、外业勘测和内业设计的工作内容及方法以及常用软件和仪器设备的使用方法等。

随着科技的发展，近年来道路勘测设计领域引入了许多先进的数据采集设备和计算机辅助设计软件。针对目前道路勘测设计单位普遍采用的勘测设计的工作流程和常用工具，本书系统地介绍了道路勘测设计实习的组织安排、内容和要求、实施方法和步骤、仪器和软件的使用等。本书根据当前道路勘测设计工作中采用的方法和要求进行编写，以常用的仪器设备和辅助设计软件为例介绍具体的操作方法和步骤，强化了学生实际操作时所需的细节指导，对学生今后从事勘测设计工作具有现实的指导意义。

本书由长安大学谢晓莉、彭余华编著，其中谢晓莉编写第二、三、四、五章，彭余华编写第一、六章。全书由谢晓莉统稿，长安大学许金良教授主审。

本书在编写过程中，参考了有关标准、规范、教材和论著，在此谨向有关编著者表示衷心的感谢！长安大学杨宏志、潘兵宏、沈照庆等针对本书初稿给予了许多宝贵的修改和补充意见，在此表示衷心的感谢！

由于作者水平有限，书中难免有不妥之处，欢迎读者批评指正。意见和建议可寄长安大学公路学院(西安,710064)。

编　者
2016 年 6 月

目录

第一章 概述 ·· 1
  第一节 道路勘测设计实习的内容和要求 ··· 1
  第二节 道路勘测设计实习安排 ·· 4

第二章 道路定线 ·· 7
  第一节 道路定线的工作内容 ·· 7
  第二节 计算机辅助设计方法和流程 ·· 8

第三章 实地放线 ·· 36
  第一节 工作内容与要求 ·· 36
  第二节 放样前的准备 ··· 38
  第三节 实施放样 ·· 40
  第四节 中桩桩志 ·· 51

第四章 中桩高程测量 ·· 53
  第一节 工作内容与步骤 ·· 53
  第二节 中平测量 ·· 54

第五章 横断面测量 ··· 57
  第一节 工作内容与步骤 ·· 57
  第二节 横断面方向的确定 ··· 58
  第三节 横断面地面线测量 ··· 60
  第四节 横断面地面线图绘制 ·· 62

第六章 内业设计 ·· 64
  第一节 工作内容与要求 ·· 64
  第二节 平面设计 ·· 66
  第三节 纵断面设计 ··· 69
  第四节 横断面设计 ··· 73
  第五节 设计说明书 ··· 82

参考文献 ··· 85

目录

第一章 概 述

道路勘测设计实习是在完成"测量学"和"道路勘测设计"（或"路线设计"）课程及课程设计之后，集中安排的重要实践性教学环节，是一项综合性的专业能力训练。实习是在教师指导下，学生运用所学的知识，实地开展一段道路的勘测设计工作，以达到系统掌握道路勘测设计的流程、相关要求、外业测量和内业设计的工作内容和方法、常用软件和仪器设备的使用方法等目的。

第一节 道路勘测设计实习的内容和要求

一、设计单位的勘测设计内容和流程

在一般道路项目的工程设计阶段，道路勘察设计单位普遍采用的勘测设计内容和流程如图 1-1 所示。工程中常将与现场作业相关的现场踏勘、初测初勘和详测定勘等工作俗称为外业。与之相对，内业则指在室内进行的各项工作。

需要注意的是，由于项目的功能和定位不同、项目所处区域不同、项目所处设计阶段的不同以及各个设计单位测设习惯的不同，具体内容和流程会有所增减或调整。例如，公路的几何设计强调选线和定线，是一个由粗到细、不断分析比较的过程。相对而言，城市道路几何设计的内容和流程简化了道路选线和定线，增加了道路附属设施的设计内容。

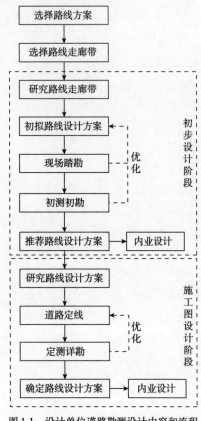

图 1-1 设计单位道路勘测设计内容和流程

(一)外业测量和调查

工程设计阶段的外业主要是测量和调查。不同设计阶段,测量和调查的内容和深度不同,一般在初步设计阶段称为初测初勘,在施工图设计阶段称为定测详勘。外业测量和调查常按专业分组进行。以施工图设计阶段为例,基本分组为:路线总体组、路基路面组、地质组、测量组、桥涵组和经济组。在基本分组的基础上,根据项目的具体需求情况,会增设新的工作组。例如,对隧道或交叉较多的道路,会专门设立隧道组或交叉组;城市道路设计会成立专门的综合管线组;复杂的项目会设立外业期间的内业组;高等级公路或环境敏感区域的项目会专门设立交通工程组或环保景观组。施工图设计阶段各基本工作组的主要任务如下:

1. 路线总体组

在室内定线的基础上,核查现场情况,确认道路定线的结果,对与现场实际地形、地物和其他情况不符的地方,按需要调整路线,重新确定新的路线方案;与沿线相关政府部门、企业协调路线方案,收集国土、规划、地震、文物、地质、旅游等相关资料。

2. 路基路面组

调查与路基路面设计相关的工程地质情况;调查路基支挡构造物设置位置、结构类型与基础埋置深度;路基土壤、地下水位和排水条件、路基土壤分类和水文地质分类;收集有关气象资料,研究地貌条件,划定各路段的道路气候分区,并提出土基回弹模量建议值,供路面设计时采用;调查当地常用路面结构类型和经验厚度;确定施工组织方案、取弃土场位置、拌和场位置、预制场位置等;调查施工便道、便桥等临时工程;调查沿线筑路材料,并对收集到的筑路材料进行现场试验或者带回设计单位由专业人员进行试验。如果是旧路改建项目,还应对原路路况进行调查。

3. 地质组

调查沿线工程地质总体情况及不良地质地段情况,对于特殊不良地质地区进行综合性地质调查与观测,为制订防治措施提供资料。

4. 测量组

根据室内定线的成果,将道路中线通过一系列的木桩(称为中桩)敷设到实际地面上,然后逐桩测量中桩地面高程和横断面地面线。对于新增地物、与地形图不一致的地物或控制性地物等进行现状补充测量。对于大型平交口、立交、大型桥梁、隧道等工点,根据要求进行工点地形测量,即详细测出该工点范围内的大比例尺地形图。目前,设计单位大多将测量任务外包给专业的测量单位。

5. 桥涵组

调查与收集沿线桥涵水文与地形地质资料,配合路线总体布设,进行实地勘测,提出桥涵和其他排水构造物的技术要求,研究确定桥涵位置、结构形式、孔径大小以及上下游防护处理措施等。

6. 经济组

调查与工程经济相关的资料,主要包括交通运输调查、征用土地和拆迁补偿费、施工季节调查及杂项调查。杂项调查主要是指占地、拆迁及有关项目的情况和数量等。

(二)内业设计

工程设计阶段的内业是外业工作的继续与深化,通过对已有资料的综合分析和研究,进一步从技术上完成设计方案。内业设计在不同的设计阶段有不同的编制文件组成要求和深度要求。内业设计的基本内容包括两部分:文字说明和设计图纸。文字说明主要包括:设计说明书、概/预算文件、工程数量等。其中设计说明书包括:任务依据、设计标准、各专业(路线、路基路面、桥梁、隧道等)的分项说明等。设计图纸主要包括:总体设计图、平面设计图、纵断面设计图、横断面设计图、路面结构设计图等。

二、课程实习的内容和流程

由于受时间和条件所限,道路勘测设计课程实习不可能涵盖全部的设计流程。建议根据学生的专业特点,有所侧重地选择内容进行实习。下面以新建山区三级公路为例来说明掌握道路定线、外业测量和内业设计的内容和方法。实习的主要内容和流程如图 1-2 所示。其中,实地放线、中桩高程测量和横断面测量都属于定测的范畴。

1. 道路定线

学生根据教师选定的道路等级、设计速度和路线走廊带,在数字地面模型上研究路线设计方案,综合考虑平、纵、横三方面的合理安排,配合现场踏勘,具体定出路线中线的确切位置。

2. 实地放线

将道路定线阶段完成的路线设计方案的道路中线通过一系列的中桩敷设到地面上。

3. 中桩高程测量

测量各中桩的地面高程,得到纵断面地面线。

4. 横断面测量

在每个中桩处,沿路线的横断面方向测设一定横向宽度范围内的地面起伏情况,记录横断面地面线数据,绘制横断面地面线草图。

5. 内业设计

在外业测量的基础上,进一步完成路线的纵断面和横断面设计,绘制图表并编制设计说明书。

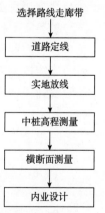

图 1-2 道路勘测设计课程实习的主要内容和流程

三、实习的目标和成绩评定

应根据学生的专业特点,以工作能力需求为导向,明确各部分实习内容的学习目标。实习考核内容和成绩评定标准应与制订的学习目标相一致。学生的实习成绩应由实习指导教师全方位考查学生各部分表现后综合评定,可以参考表1-1打分。

实习考核内容和成绩评定表　　　　　表1-1

考核主内容	考核分内容	成绩评定标准(%)	指导教师打分
道路定线	设计软件基本功能使用	10	
	路线设计理论运用	10	
	路线设计方案汇报	10	
外业测量	仪器使用	10	
	测量内容和方法	10	
	测量数据记录和整理	5	
内业设计	格式	10	
	内容	20	
实习表现	实习日志	5	
	日常工作态度	10	
总分			

综合成绩(优秀90~100分、良好80~89分、中等70~79分、及格60~69分和不及格60分以下)

实习学生有下列情况之一者,实习成绩为不及格:
(1)实习时间不足二分之一;
(2)严重违反实习纪律而屡教不改;
(3)抄袭实习报告;
(4)抄袭内业设计;
(5)未能按期完成课程实习所规定任务的最低要求;
(6)设计说明书和图表中有较多关键性错误,经指导教师再三指导,仍未改正。

第二节　道路勘测设计实习安排

一、时间安排

道路勘测设计课程实习共计4周时间,具体时间安排见表1-2。也可根据学生的专业特点,对实习时间进行适当调整。

道路勘测设计实习时间安排 表1-2

实习地点	内　容	实习时间(天)	合计(天)
校外(野外现场)	道路定线	4	10
	路线设计方案汇报	1	
	外业测量	4	
	外业资料整理汇总	1	
校内(设计教室)	平面图	1	10
	纵断面设计、纵断面图	2	
	路基设计表	1	
	路基标准横断面图	1	
	横断面设计、横断面图	2	
	路基土石方数量表	1	
	设计说明书	2	

二、实习的组织安排

为了让学生熟悉道路勘测设计流程并体验目前道路勘察设计单位按专业分组进行外业测量和调查的工作特点,在实习时可以将学生以队为单位进行组织。每队学生人数控制在15人为宜,配备3位指导教师。每队设队长、总工各1名。队长负责整个队伍的工作时间、任务安排、控制整个队的工作质量和进度等。总工负责队员的技术问题,督促并检查队员的资料整理工作,以及校外实习结束后本队最终资料的收集和管理。

每位学生均进行道路定线的工作,完成一个路线设计方案。每队选出一个最优的路线设计方案,供后期外业测量之用。按照任务安排,每队内部设立若干组(每组5人左右),各组间定期轮换共同完成外业测量任务。每组设组长1名,职责是安排本组的工作、监控实习任务完成进度、检查整理本组的测设资料、组间仪器设备交接、出工前和收工时仪器设备及其他物品的准备和清点工作。

在内业设计阶段,根据本队的路线设计方案和外业测量资料,每位学生独立进行内业设计并提交设计文件。

三、实习中使用的教材和规范

实习中所涉及的基本理论和方法,可参考《测量学》和《道路勘测设计》等教材的相应章节,本书不再赘述。

除了可能用到的教材之外,指导教师还应为学生指出实习中将会使用到的规范和参考书。例如,进行公路勘测设计所涉及的规范主要有:

(1)《公路工程技术标准》(JTG B01—2014);
(2)《公路路线设计规范》(JTG D20—2006);
(3)《公路勘测规范》(JTG C10—2007);
(4)《工程测量规范》(GB 50026—2007);
(5)《公路工程基本建设项目设计文件编制办法》(交公路发〔2007〕358号);

(6)《公路工程基本建设项目设计文件图表示例》。

四、实习场地的选择

为了方便实习的进行,达到实习的目的,一般选择相对固定和专属的实习基地较好。例如,进行公路勘测设计实习时,选择的场地地形一般宜为丘陵区,地势起伏不宜太大,地面横坡不宜太陡。校外实习场地上植被不宜过于茂密,特别是1.5m以上的植被不宜过于茂密,有零星或小片的高大乔木为好。实习场地内不存在滑塌、崩塌、碎落等不良地质,避免出现自然地质灾害而导致学生或教师的人身伤害事故。

如果没有专属的实习基地,也可以选择交通量较小的已建道路进行改建性质的勘测设计实习。好处是除地形之外可以融入更多的影响路线设计方案的因素,与实际项目更为接近。

第二章
道路定线

定线是根据既定的技术标准和路线方案,结合地形、地质等条件,综合考虑路线的平面、纵断面和横断面,具体定出道路中线的工作。对于公路来说,路线摆动的范围和幅度较大,定线是一项涉及面很广、技术要求较高的工作。而对于城市道路,由于道路红线已经在城市总体规划中确定,路线没有多少选择的余地,定线工作相对简单:平面线形以直线为主,纵断面与道路两侧的建筑相适应。

第一节 道路定线的工作内容

一、道路定线的方法和步骤

道路定线的方法按工作对象的不同分为纸上定线、现场定线和航测定线。纸上定线的工作对象是大比例尺(公路1:2 000~1:5 000,城市道路1:500~1:1 000)的地形图。目前地形图基本上均采用数字形式。按照现行设计文件编制要求,除少数特殊(如山区四级公路、所在区域又没有地形图)情况外,定线均应采用纸上定线。根据项目所处区域不同,纸上定线采用的指导原则和步骤不同,具体详见《道路勘测设计》(第四版)(许金良主编)第六章"纸上定线相关内容"。

二、工作内容和步骤

本章以新建山区三级公路为例,介绍道路定线的工作内容和步骤。

首先,每位学生根据指导教师给定的公路等级和设计速度,查阅相关规范确定相应的道路设计技术指标。例如,学生应能根据现行《公路工程技术标准》(JTG B01—2014)和《公路路线设计规范》(JTG D20—2006)查得设计速度 30km/h 的三级公路对应的主要技术指标,见表 2-1。然后,根据查得的道路技术指标和指导教师选定的路线走廊带,结合数字地形图和现场控制条件,每位学生按照山岭重丘区的纸上定线步骤完成一个路线设计方案的平面和纵断面组合设计。在受地形约束较严格的区域,路线设计方案还应考虑横断面的位置,避免横向填挖过大。最后,以队为单位,每位学生汇报纸上定线的成果,指导教师评分并选出一个最优的路线设计方案,作为该队后期外业测量和内业设计的基础。

山区三级公路(设计速度 30km/h)主要技术指标　　　　表 2-1

项　目	技术指标	项　目		技术指标
车道宽度(m)	3.25	竖曲线最小长度(m)		25
土路肩宽度(m)	0.5	超高渐变率		边线 1/75
圆曲线最小半径(最大超高=8%)(m)	30	停车视距(m)		30
不设超高最小半径(路拱≤2.0%)(m)	350	超车视距(m)		150
平曲线一般最小长度(m)	150	路面加宽		1 类加宽
路基设计洪水频率	1/25	回头曲线	设计速度(km/h)	25
回旋线最小长度(m)	25		圆曲线最小半径(m)	20
最大纵坡(%)	8		回旋线最小长度(m)	25
最短坡长(m)	100		超高横坡度(%)	6
平均纵坡(路段相对高差 200~500m)(%)	不应大于 5.5		双车道路面加宽值(m)	2.5
竖曲线最小半径(m)	250		最大纵坡(%)	4.0

三、所需仪器和资料

工作中每人所需的仪器和资料见表 2-2。

每人所需的仪器和资料　　　　表 2-2

序号	名　称	数量	备　注	序号	名　称	数量	备　注
1	计算机辅助设计软件	1 套		4	计算机	1 台	
2	数字地形图	1 份	路线走廊带范围	5	项目设计任务书	1 份	道路等级、设计速度、地质情况等
3	设计规范和标准	1 套					

第二节　计算机辅助设计方法和流程

随着科技的发展,目前在进行路线设计时,几乎全部采用计算机辅助设计。国内公路和城市道路设计常用的软件有:纬地道路交通辅助设计系统(HintCAD)、CARD/1线路勘测设计一体化软件、狄诺尼集成交互式道路与立交设计系统EICAD和鸿业市政道路设计软件(HY-SZDL)等。

本节以纬地道路辅助设计系统HintCAD数模版5.8(以下简称纬地)为例,介绍运用计算机进行公路设计的方法和流程。

一、启动

1. 建立设计项目

启动纬地软件后,AutoCAD软件自动打开,纬地工作界面以浮动菜单的模式嵌套在AutoCAD中。点击菜单中的【项目】→【新建项目】,指定项目名称、路径,新建公路路线设计项目。

2. 打开数字地形图

从AutoCAD软件中打开项目所在区域的数字地形图。

二、平面线形设计

平面线形的设计方法主要有直线法(也称交点法或导线法)和曲线法(也称积木法)两种。所采用的方法不同,运用计算机辅助设计软件的功能和步骤也不同。这里以最基本的直线法为例介绍相应的软件功能和操作步骤。直线法的设计原理参照《道路勘测设计》(第四版)(许金良主编)教材纸上定线操作方法的相应内容。在进行平面线形设计时,设计人员需要遵循一定的原则和规定,具体参考《道路勘测设计》(第四版)(许金良主编)教材平面线形设计的相应内容和现行规范中对平面线形的规定。

1. 打开"主线平面设计"对话框

点击纬地菜单中的【设计】→【主线平面设计】,打开主线平面线形设计对话框(图2-1)。

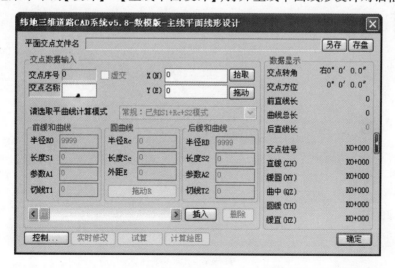

图2-1 主线平面线形设计对话框

对于已有项目,【主线平面设计】启动后,自动打开并读入当前项目中所指定的平面交点数据。用户点击【计算绘图】后便可在当前屏幕浏览路线平面图形。

2. 设置交点

(1)单击主线平面线形设计对话框上的【拾取】按钮,从地图中选择路线起点位置,获得路线起点的坐标,并显示在对话框上(图2-2)。也可以在键盘上直接输入起点的坐标。

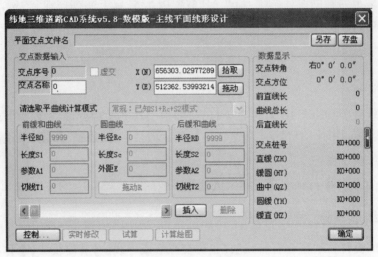

图 2-2　起点的坐标

(2)单击对话框上的【插入】按钮,从图中选择(或者键盘输入)路线其他交点的坐标,可以连续选择多个交点的位置,也可以只选择一个交点的位置,按"Esc"键退出交点位置的选择,返回主线平面线形设计对话框。拾取交点的结果如图 2-3 所示。

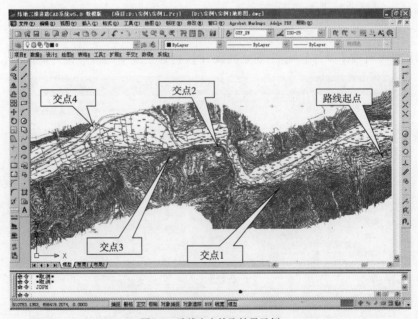

图 2-3　路线交点拾取结果示例

说明:

①"交点序号"、"交点名称"。

"交点序号"显示的是软件对交点的自动编号,起点为 0,依次增加。

"交点名称"编辑框中显示或输入当前交点的名称,交点名称自动编排,一般默认为交点的序号,可以改成其他的任何名称,如起点改为BP、终点改为EP。在调整路线时,如果在路线中间插入或删除交点,系统默认增减交点以后的交点名称是不改变的。如果需要对交点名称进行重新编号,可在交点名称处单击鼠标右键,系统即弹出交点名称自动编号的选项菜单(图2-4),选择对当前项目的全部交点进行"全部重新编号",或"从当前交点开始重新编号",或"以当前交点格式重新编号"。

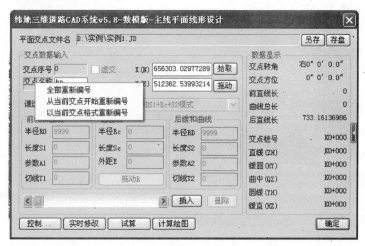

图2-4 交点编号

②"X(N)""Y(E)"编辑框。

输入或显示当前交点的坐标数值。

③【插入】、【删除】按钮。

【插入】用来在当前交点位置之后插入一个交点;【删除】用来删除当前的交点。

④【拾取】、【拖动】按钮。

【拾取】可以从地形图上直接点取交点坐标。

【拖动】可以实现交点位置的实时拖(移)动修改功能。

⑤可以使用AutoCAD的"line(直线)"命令和"pline(多段线)"命令在当前屏幕直接绘制路线的交点导线,将导线调整好以后,打开主线平面设计对话框,单击对话框中的【拾取】按钮,在右键菜单中选择"E拾取交点线"或根据CAD命令行提示输入E回车,拾取屏幕中绘制的交点导线,系统即自动将其转换为纬地当前项目的交点导线。

3. 插入平曲线

(1)拖动主线平面线形设计对话框中的横向滚动条控制向前和向后移动,选择需要设置平曲线参数的交点。

(2)单击"请选取平曲线计算模式"右侧的 ▼ 按钮,根据交点曲线的组合类型和曲线控制(如单曲线、S形曲线或回头曲线)来选择当前交点的计算方式和各种曲线组合的切线长度反算方式(图2-5)。

(3)根据计算模式输入相应的设计参数或者采用"拖动R"或者采用【实时修改】的方式获得平曲线设计参数。

(4)单击对话框上的【计算绘图】按钮,计算并显示平面线形。

11

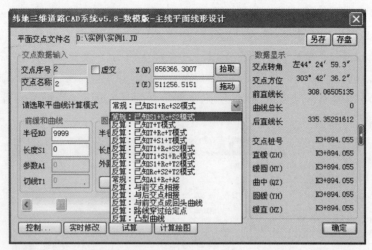

图 2-5 平曲线计算模式

说明：

①"前缓和曲线""圆曲线""后缓和曲线"中的编辑框。

"前缓和曲线""圆曲线""后缓和曲线"中的编辑框用来显示和编辑修改当前交点的曲线参数及组合控制参数。编辑框的控件组将根据选择的计算或反算方式的不同而处于不同的显示状态，以显示、输入和修改各控制参数数据。半径输入 9999 表示无穷大。

"半径 RO""长度 S1""参数 A1"分别显示或控制当前交点的前部缓和曲线起点曲率半径、长度、参数值；"切线 T1"为当前交点的第一切线长度。

"半径 Rc""长度 Sc""外距"分别显示或控制当前交点圆曲线的半径、长度、外距。

"半径 RD""长度 S2""参数 A2"分别显示或控制当前交点的后部缓和曲线的终点曲率半径、长度、参数值；"切线 T2"为当前交点的第二切线长度。

图 2-6 主线设计控制参数设置对话框

②【拖动 R】按钮。

该按钮可以实现通过鼠标实时拖动修改圆曲线半径大小的功能。拖动过程中按键盘上的"S"或"L"键来控制拖动步距。

③【实时修改】按钮。

用动态拖动的方式来修改当前交点的位置和平曲线设计参数。

④【试算】按钮。

计算包括本交点在内的所有交点的曲线组合，并将本交点数据显示于对话框右侧的"数据显示"内。在计算成功的情况下，点击【计算绘图】按钮可直接实时显示路线平面图形；而当计算不能完成时，对话框中的数据将没有刷新，并且在 AutoCAD 命令行中将出现计算不能完成的提示信息，需调整相应参数后方可继续进行计算。

⑤【控制…】按钮。

单击【控制…】按钮，弹出图 2-6 所示的"主线设计控制参数设置"对话框。该对话框用于控制平面线形的起始桩号和绘制平面图时的标注位置、字体高度等。根据图形的比例来设置字体的高度,例如当平面图的比例为1:2 000时,则宜按图中设置标注文字的字高。注意在进行路线平面设计及拖动时,将"主线设计控制参数设置"对话框中的"绘交点线"按钮点亮。

⑥注意对话框右侧"数据显示"中的内容,以控制整个平面线形设计和监控试算结果。结合工程设计中的实际情况,主线平面设计允许前后交点曲线相接时出现微小的相掺现象,即"前直线长"或"后直线长"出现负值。但其长度不能大于2mm,否则系统将出现出错提示。

4.保存数据

图2-1中的【确定】按钮用于关闭对话框,并保存当前输入数据和各种计算状态,但是所有的保存都在计算机内存中进行,如果需要将数据永久保存到数据文件,必须点击【另存】或【存盘】按钮。【取消】按钮可以关闭此对话框,同时当前对话框中的数据改动也被取消。

【存盘】和【另存】按钮用于将平面交点数据保存到指定的文件中,得到*.jd数据文件和*.pm数据文件。使用时,最后会弹出如图2-7所示的询问对话框,询问是否将交点数据转换为平面曲线数据,选择【是】即可。之后再次打开主线平面线形设计对话框时,平面交点文件名处就会出现文件保存路径。

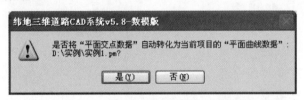

图2-7 平面交点数据转换询问对话框

注意:为避免系统或软件出错,请经常保存数据;切不要混淆保存平面数据的操作和保存AutoCAD图形的操作。

三、设计向导设置

平面线形设计完成之后,使用"设计向导"来设置与整个设计任务有关的其他设计指标和参数,作为后续进行纵断面和横断面设计的基础。通过设计向导,纬地根据设定的项目等级和标准自动设置超高与加宽过渡区间以及相关数值,设置填挖方边坡、边沟等设计控制参数。具体操作步骤如下:

(1)单击菜单【项目】→【设计向导】,弹出如图2-8所示的对话框;
(2)选择项目类型;
(3)设置本项目设计起终点范围;
(4)设置项目标识、选择桩号数据精度;
(5)单击【下一步】,弹出如图2-9所示的对话框;
(6)在"纬地设计向导(分段1 第一步)"对话框中输入项目第一段的分段终点桩号,系统默认为平面线形设计的终点桩号。如果设计项目分段采用不同的公路等级和设计标准,可逐段输入每个分段终点桩号并分别进行设置。本实例项目不分段,即只有一个项目分段,则不修改此桩号;
(7)选择"公路等级";
(8)选择"设计速度";
(9)单击【下一步】,弹出如图2-10所示对话框;

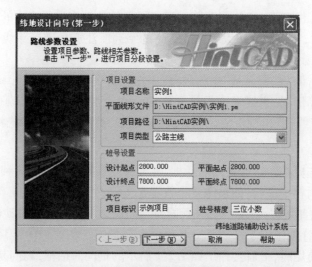

图 2-8　路线参数设置对话框

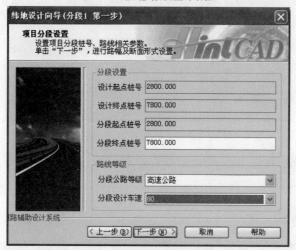

图 2-9　项目分段设置对话框

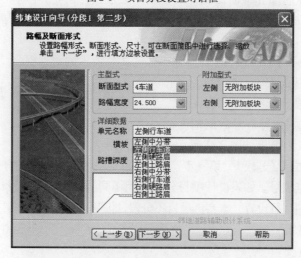

图 2-10　路幅及断面形式对话框

(10)在"纬地设计向导(分段1 第二步)"对话框中选择断面类型(即车道数);选择或者输入路幅宽度数据;

(11)为路幅每个组成部分设置详细数据,包括宽度、坡度、高出路面的高度;设置完成后,单击【检查】按钮来检查设置是否正确;

(12)单击【下一步】,弹出如图2-11所示对话框;

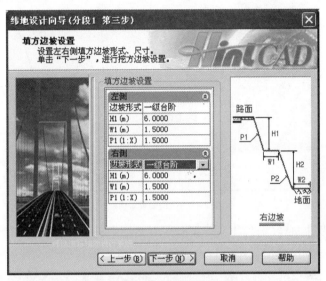

图2-11 填方边坡设置对话框

(13)在"纬地设计向导(分段1 第三步)"对话框中设置项目典型填方边坡的控制参数,根据需要设置填方任意多级边坡台阶参数;

(14)单击【下一步】,弹出如图2-12所示对话框;

图2-12 挖方边坡设置对话框

(15)在"纬地设计向导(分段1 第四步)"对话框中设置项目典型挖方边坡的控制参数,根据需要设置挖方任意多级边坡台阶参数;

（16）单击【下一步】，弹出如图2-13所示对话框；

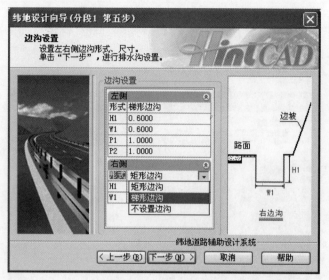

图2-13 边沟设置对话框

（17）在"纬地设计向导（分段1 第五步）"对话框中设置项目路基两侧典型边沟的尺寸；

（18）单击【下一步】，弹出如图2-14所示对话框，进入项目分段设置第六步；

图2-14 排水沟设置

（19）在"纬地设计向导（分段1 第六步）"对话框中设置项目路基两侧典型排水沟的尺寸，注意纬地在这里将填方边坡的边沟称为排水沟；

（20）单击【下一步】，弹出如图2-15所示对话框，进入项目分段设置第七步；

（21）在"纬地设计向导（分段1 第七步）"对话框中设置路基设计采用的超高和加宽类型、超高旋转方式、超高渐变方式及外侧土路肩超高方式、曲线加宽类型、加宽位置、加宽渐变方式项；

（22）单击【下一步】，弹出如图2-16所示对话框；

图 2-15 超高加宽设置

图 2-16 超高加宽过渡段设置

(23)在"纬地设计向导(最后一步)"对话框中单击【自动计算超高加宽】按钮,系统会根据前面所有项目分段的设置,结合项目的平面线形文件计算每个曲线的超高和加宽过渡段,对于过渡段长度不够的曲线,系统将以红色显示;

(24)单击【下一步】,弹出如图 2-17 所示对话框;

(25)在"纬地设计向导(结束)"对话框中可以修改输出的四个设置文件名称;设置桩号文件中输出的桩号序列间距;

(26)单击【完成】按钮,完成项目的有关设置。

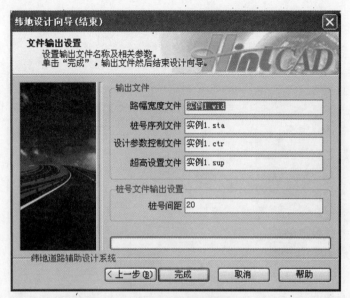

图 2-17　文件输出设置

设计向导运行完成之后,系统生成路幅宽度文件(* . wid)、超高设置文件(* . sup)、设计参数控制文件(* . ctr)和桩号序列文件(* . sta),并将这四个数据文件添加到纬地项目管理器中。

注意:由设计向导自动生成的设置超高与加宽过渡区间以及相关数值,设置的填挖方边坡、边沟排水沟等设计控制参数只是项目典型参数,并不能完全满足设计的需要。学生需要根据项目的实际情况,在控制参数输入或纬地数据编辑器中对有关设置参数进行分段设置或添加、删除等修改。

四、纵、横断面地面线获取

在路线方案的优化和比选阶段,常常通过数字地面模型内插纵断面和横断面地面线数据,作为纵断面和横断面设计的依据。纵断面地面线反映了道路中线沿路线平面里程方向的地面起伏状况。横断面地面线反映了每个中桩处道路中线法线方向的地面起伏状况。

1. 建立数字地面模型

(1) 开始新数模

第一次建立数模,应先进行系统初始化。具体操作如下:

单击菜单【数模】→【新数模】,弹出如图 2-18 所示"点数据高程过滤设置"对话框,设置对高程数据的控制。其中"采用高程过滤器"选项用于控制是否在读入数据时自动启动高程过滤器,即可将高程为零或高程超出用户指定范围的粗差点或废弃点自动剔除,保证数模构网的准确性。

(2) 三维数据读入

①打开要读入三维数据的 dwg 文件,查看并记录计曲线、首曲线、地形点、流水线、陡坎等地形信息所在的图层名称(例如 25、27、29、34、44);

②单击菜单【数模】→【三维数据读入】→【dwg 和 dxf 格式】,根据提示选取要读入三维数

据的 dwg 文件,程序从中提取出所有的图层信息,列于如图 2-19 所示的对话框中;

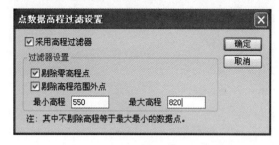

图 2-18　点数据高程过滤设置对话框

③单击计曲线所在的图层 25,单击"数据类型"下方的下拉菜单,选择"约束线";
④单击首曲线所在的图层 27,单击"数据类型"下方的下拉菜单,选择"约束线";
⑤单击地形点所在的图层 29,单击"数据类型"下方的下拉菜单,选择"地形点";
⑥单击流水线所在的图层 34,单击"数据类型"下方的下拉菜单,选择"约束线";
⑦单击陡坎所在的图层 44,单击"数据类型"下方的下拉菜单,选择"约束线";
⑧设置"SPLINE 搜索"选项为"控制点";
⑨单击【开始读入】按钮,程序开始从该 dwg 文件中分类提取三维地形数据。完成后,在 AutoCAD 命令行中显示所提取到的三维点的总数目。

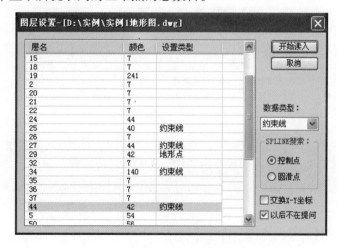

图 2-19　读入 dwg 格式三维数据对话框

(3)数据预检

在进行三角构网前需要对原始三维数据进行检查,对已经读入内存的所有三维点进行排序、检索等操作,同时检查并逐一记录数据中出现的问题。

①单击菜单【数模】→【数据预检】,弹出数据预检设置对话框(图 2-20);
②选择需要控制的选项,单击【确定】按钮。

(4)数模构网

数模构网即根据已经读入的三维地形数据来构建三维数字地面模型。

单击菜单【数模】→【三角构网】,完成三维数字地面模型的构建。

(5)数模的优化

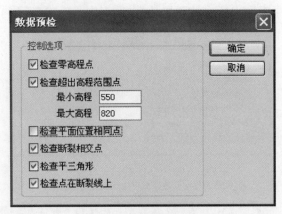

图 2-20　数据预检对话框

数模的优化主要考虑在三维数据采点的密度和位置不十分理想的情况下,所形成的三角网格不能贴切地反映实际地面的变化,如出现平三角形等,需要进行优化。

①单击菜单【数模】→【三角网优化】,启动三角网优化程序,弹出对话框如图 2-21 所示;

②单击【开始优化】按钮,系统开始对当前数模中的三角网进行优化。优化完成后将在命令行中显示优化结果。一般经优化处理后余留的平三角形以红色显示,这些平三角形都是无法避免的。

图 2-21　三角网优化对话框

注意:优化程序只有在网格线全部显示的条件下才可以使用。

(6)数模组管理与保存

一般情况下,一个数模的总点数宜控制在 20 万~60 万个。如果路线里程较长,需要根据路线的里程和地形情况分若干段分别建模,同一个项目可以用数模组来管理。

①单击菜单【数模】→【数模组管理】,启动数模组管理功能,如图 2-22 所示;

②单击【保存数模】按钮,保存数模。利用"数模组管理"对话框可以建立、删除、激活某个数模。

"数模组管理"对话框中各个按钮的功能如下:

【打开数模】按钮将对话框中指定的某一数模打开(即激活),并读入到内存中,以便对其进行编辑、显示或进行数模的高程内插应用。

【新建数模】按钮的功能与"新数模"菜单项功能基本相同,用于关闭已打开的数模。

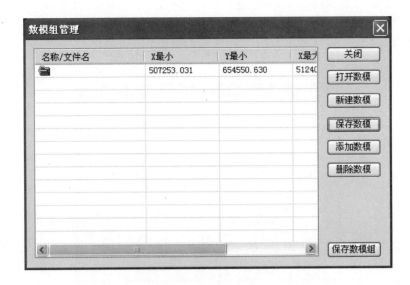

图 2-22　数模组管理对话框

【添加数模】按钮用于将对话框中指定的某一数模添加到数模组中。

【删除数模】按钮仅用于将数模组中某一数模项删去,但并不直接将保存到硬盘上的数模文件(*.dtm)删除。

【保存数模组】按钮将在同一个项目中建立的若干个数模的信息保存到 *.gtm 文件(系统中称为数模组文件)中,并自动将 *.gtm 文件增加到"项目管理器"中,这样下次重新打开项目时,便可方便地浏览到上次所建立的各个数模。

2. 生成纵断面地面线

(1)单击菜单【数模】→【数模组管理】,弹出如图 2-23 所示"数模组管理"对话框。

图 2-23　数模组管理对话框

(2)选择已经建立的数模文件,单击对话框右侧的【打开数模】按钮,打开已经建立的数模。

(3)单击对话框右侧的【关闭】按钮,关闭"数模组管理"对话框。

(4)单击菜单【数模】→【数模应用】→【纵断面插值】,弹出如图 2-24 所示"纬地系统之从数模内插纵断面地面线"对话框。

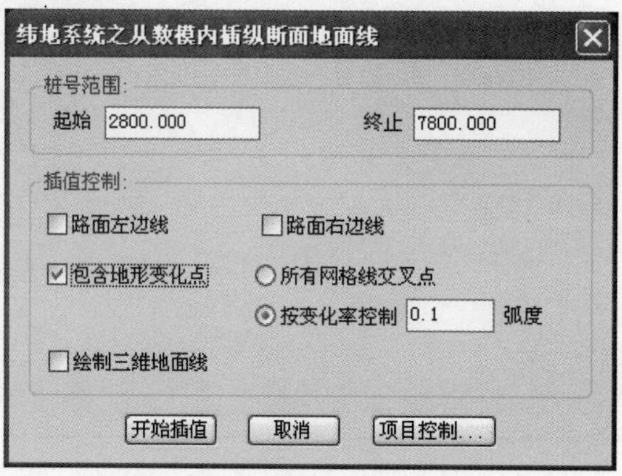

图 2-24 内插纵断面地面线对话框

(5)输入"桩号范围",并选择"插值控制"中的选项。

"插值控制"中的"路面左边线"和"路面右边线"控制中桩插值时,是否同时内插出路基左右两侧边线的对应地面高程,这主要为路基横断面设计和支挡构造物设计提供设计参考。只需要路线中线纵断面地面线时,不选择"路面左边线"和"路面右边线"选项。"包含地形变化点"项可以用来控制插值计算时是否将地形变化点进行插值,一般选择"包含地形变化点"。"包含地形变化点"项有两种设置方式:一是所有网格线交叉点,二是根据用户指定的地形变化率。一般将此变化率设置为 0.1~1.0rad,设置为 0.1 时其插值结果与所有地形变化点方式时相似,设置为 1.0 时其插值结果与 20m 等桩距的桩号数基本接近。

(6)单击【开始插值】按钮,弹出如图 2-25 所示的对话框,输入文件名(*.dmx)后系统开始进行插值计算。

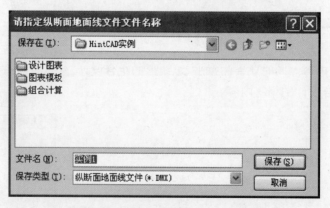

图 2-25 输入纵断面地面线文件名对话框

提示:"桩号范围"的默认值为路线的总长度,需根据当前数模的边界范围重新输入插值的起终点桩号范围,否则有些桩无法内插地面高程;如果项目中已存在该文件,则系统会提示是否覆盖原地面线文件。

3. 生成横断面地面线

(1) 打开数模[步骤与"2. 生成纵断面地面线"中(1)~(3)相同];

(2) 单击菜单【数模】→【数模应用】→【横断面插值】,弹出如图2-26所示"纬地系统之横断面插值"对话框;

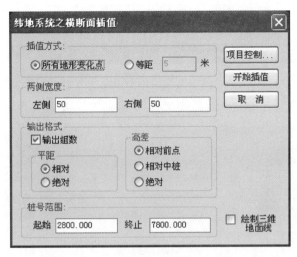

图2-26　内插横断面地面线对话框

(3) 选择"插值方式",一般选择所有地形变化点;

(4) 输入"两侧宽度",确定内插左右两侧横断面地面线的宽度范围;

(5) 设定"输出格式",一般采用系统默认的方式即可;

(6) 输入"桩号范围";

(7) 单击【开始插值】按钮,指定横断面地面线数据文件名称,系统进行插值计算。

提示:如果项目中已存在该文件,软件会提示是否覆盖原地面线文件,插值完成后系统自动将文件添加到项目管理器中。

五、纵断面设计

纵断面设计的原则和方法参照《道路勘测设计》(第四版)(许金良主编)纵断面设计方法及纵断面图的相应内容。同时还要注意平、纵线形的组合设计,具体原则和要求参照该教材中道路平、纵线形组合设计的相应内容。

1. 标注控制点数据

影响路线纵坡设计的高程控制点有:路线起、讫点的接线高程,越岭垭口、大中桥涵、地质不良地段的最小填土高度和最大挖方深度,沿溪线的洪水位,隧道进、出口,路线交叉点,人行和农用车通道、城镇规划控制标高,以及其他路线高程必须通过的点位等。这些都应作为纵断面设计的控制依据。在纵断面设计之前应该将控制参数输入到纬地中,以便在纵断面纵坡设计时实时显示,为设计提供参考。

(1) 单击菜单【数据】→【控制参数输入】,弹出如图2-27所示设计控制参数输入对话框;

(2) 单击对话框中的【桥梁】、【涵洞通道】、【隧道】等选项卡;

(3) 单击【插入】按钮,添加新的控制对象,并输入相关的详细数据。

提示：其他高程控制，如沿线洪水和地下水水位控制标高、特殊条件下路基控制高程等数据无法用这种方法直接输入，需要设计人员根据控制的里程和高程手工在 AutoCAD 图形中标注出来，为设计提供参考。这些控制高程点也可以通过桥梁控制数据输入的方式标注：输入时桩号为控制点的桩号，"桥梁名称"输入为控制点名称，"跨径分布"和"结构型式"输入一个空格；"控制标高"输入控制点的控制高程，选择合适的"控制类型"。注意最后输出图形和表格成果时应删除这些数据。

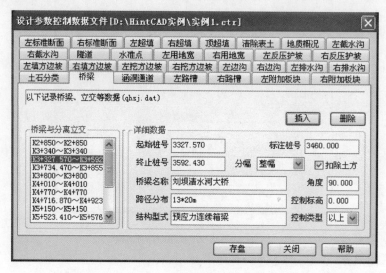

图 2-27　设计控制参数输入对话框

2. 打开纵断面设计对话框

单击菜单【设计】→【纵断面设计】，弹出如图 2-28 所示纵断面设计对话框。

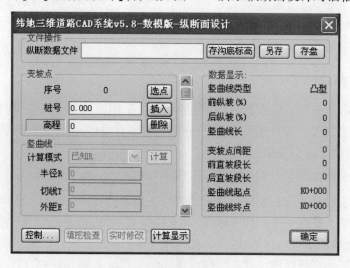

图 2-28　纵断面设计对话框

此对话框启动后，如果项目中存在纵断面设计数据文件（*.zdm），系统将自动读入纵断面变坡点数据，并进行计算和显示相关信息。"纵断面数据文件"编辑框用来输入纵断面变坡点的数据文件路径和名称，一般情况下不需要在此输入任何信息，软件根据项目的设置自动显示数据文件的名称。

3. 设置变坡点

(1)在"桩号"编辑框输入路线起点桩号,在"高程"编辑框输入设计高程;

(2)单击纵断面设计对话框中的【插入】按钮,可以连续增加新的变坡点或在两个变坡点之间插入变坡点(图2-29)。

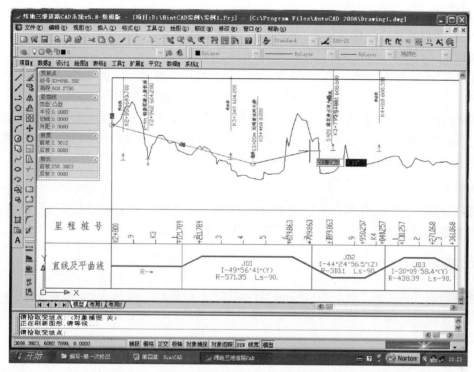

图2-29 纵断面设计变坡点设置图

说明:

①【选点】按钮可以在屏幕上直接点取变坡点,也可以通过键盘修改变坡点的桩号和高程。

②【插入】按钮用于通过鼠标点取的方式在屏幕上直接插入(增加)一个变坡点,并且直接从屏幕上获取该变坡点的数据。【删除】按钮用于删除在屏幕上通过鼠标点取需要删除的变坡点。

③凹显的【高程】按钮右侧的编辑框用来直接输入当前变坡点的设计高程。为了使路线纵坡的坡度在设计和施工中便于计算和掌握,系统支持在对话框中直接输入坡度值。鼠标单击凹显【高程】按钮,右侧数据框中的变坡点高程值会转换为前(或后)纵坡度,可输入该变坡点前后纵坡的坡度值。

4. 设置竖曲线

(1)通过滚动纵断面设计对话框中的上下滑动块选择要设置竖曲线的变坡点;

(2)单击纵断面设计对话框"计算模式"右侧的 ▼ 按钮,选择竖曲线的设置模式;

(3)根据不同的计算模式输入相应数据;

(4)单击【计算】按钮,完成竖曲线半径的设置。

5.修改调整设计线

(1)单击纵断面设计对话框上的【实时修改】按钮;

(2)根据命令行提示,从图中点取需要修改的变坡点(图中变坡点上的小圆圈);

(3)根据命令行提示,选择合适的修改方式,对变坡点、坡度线或竖曲线进行实时修改,随着鼠标的移动,图中的变坡点、竖曲线或坡度线会实时计算刷新,同时屏幕左上角参数框动态显示当前变坡点相关参数;

(4)移动鼠标到合适位置单击左键确定变坡点新的位置。

说明:

①利用"实时修改"功能,可以对变坡点的位置进行沿前坡、后坡、水平、垂直、自由拖动等方式的实时移动,也可以对竖曲线半径、切线长及外距进行控制性动态拖动;另外也可以对整个坡段实现绕前点、后点或整段自由拖动的实时修改。"S""L"键控制鼠标拖动步长的缩小与放大。

②【填挖检查】按钮可以实时显示当前鼠标位置所在桩号处的填挖高度、设计高程、地面高程以及坡度。设计时可用该功能查看填挖高度。

6.保存数据

操作完成后,应该用【存盘】或【另存】命令对纵断面变坡点及竖曲线数据进行存盘。点击【确定】按钮保存纵断面设计对话框中的数据,并关闭对话框。

六、横断面设计

横断面设计和计算方法参考《道路勘测设计》(第四版)(许金良主编)路基横断面设计与计算的相应内容。路基土石方数量计算方法参考该教材中路基土石方数量计算与调配的相应内容。

1.路基设计计算

在绘制横断面图之前,首先需要进行路基设计计算,以确定桩号区间内每一桩号的超高横坡、设计标高、地面标高以及路幅参数的变化,并计算路幅各相对位置的设计高差。

(1)单击菜单【设计】→【路基设计计算】,打开"路基设计计算"对话框(图2-30);

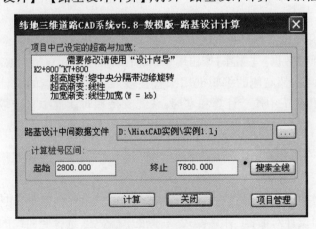

图2-30 路基设计计算对话框

(2)单击窗口右侧的 按钮,指定路基设计中间数据文件保存的名称和路径;

（3）输入"计算桩号区间"，或单击【搜索全线】按钮来指定计算整个路段；

（4）单击【项目管理】打开项目管理器，检查当前项目的超高与加宽文件以及其他设置是否正确；

（5）单击【计算】按钮来完成路基计算。

注意：

①如果项目中已经存在路基设计数据文件，系统会提示询问是覆盖文件还是在原文件后追加数据，一般情况下，如果没有分段计算，则应该选择覆盖原来的数据；

②每次修改完设计项目的类型、超高旋转位置与方式、加宽类型与加宽方式、超高和加宽过渡段等内容之后，必须重新进行路基设计计算。

2. 支挡防护工程设置

如果需要在路基沿线设置路基支挡防护工程，则应在横断面绘图和土石方计算之前将支挡防护工程的形式及其段落数据录入到纬地中。这样，在横断面设计绘图时可以直接在横断面图中绘制出支挡防护构造物的断面图，并准确计算路基填挖的土方面积和数量。

（1）设置支挡防护构造物的几何尺寸

纬地提供了部分标准挡墙的形式及其尺寸，但在实际设计项目中，系统提供的标准挡墙可能无法满足设计的需要。此时可将设计项目特殊的挡土墙形式和尺寸添加到标准挡墙库中，以满足工程设计需要。添加新的标准挡土墙的步骤和方法如下：

①单击菜单【设计】→【支挡构造物处理】，打开"挡土墙设计工具"窗口（图 2-31）；"挡土墙设计工具"窗口分为三个区域：左侧为树状的"挡土墙编辑管理"窗口（简称树窗口）；右上为挡土墙的"图形显示编辑窗口"（简称图形窗口）；右下为"挡土墙属性窗口"（简称属性窗口），三个窗口的大小均可自由调整；

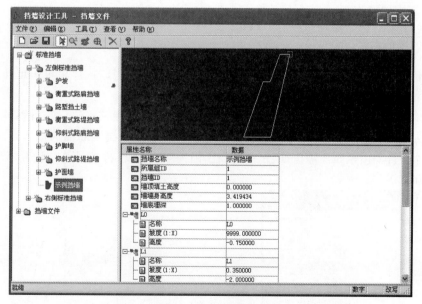

图 2-31 挡土墙设计工具

②单击树窗口内展开的"标准挡墙"下的"左侧标准挡墙"，按鼠标右键，在弹出的快捷菜单中选择"新增挡墙"（如果需要新建一组不同高度的标准挡墙，选择"新增目录"）；

③在属性窗口修改新建挡墙的名称;

④在图形窗口中用鼠标绘制出该挡墙的大致断面形式,完成后单击鼠标右键;

⑤单击树窗口内展开的"标准挡墙"下的"左侧标准挡墙",左侧的"-"变成"+"后再单击该"+"展开"左侧标准挡墙",这样软件会自动刷新属性窗口的数据;

⑥单击树窗口内新建的"示例挡墙";

⑦在属性窗口输入该新建标准挡墙的"墙顶填土高度""墙身高度""墙底埋深"等属性,并修改挡墙断面各边的尺寸,输入准确数据(图2-32)。

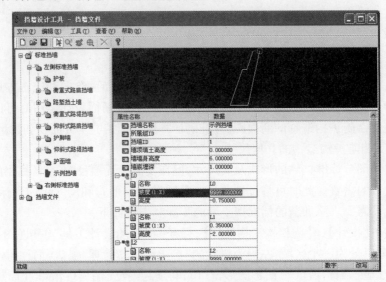

图2-32 修改挡墙断面尺寸

提示:其中坡度为0时,表示垂直方向(|);坡度为9999时,表示水平方向(—);坡度大于零表示向右倾斜(/),小于零表示向左倾斜(\);高度大于零表示向右或者向上,小于零表示向左或者向下。

⑧选中树窗口内新建的"示例挡墙",单击鼠标右键,在弹出的快捷菜单中选择"设置填土线",启动"设置填土线"对话框(图2-33)。

"填土线"是挡墙断面中与路基填土相接触的一条或几条连续的边。如图2-34所示,挡墙断面中L_5为填土线,A点是近路面点(L_0线段的起点),也就是挡墙断面的插入点。系统将在横断面设计时自动搜索断面填土线,从而与横断面地面线相交,准确计算在设置挡墙情况下的路基土石方面积。

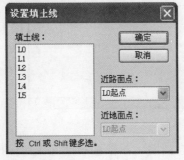

图2-33 设置填土线对话框

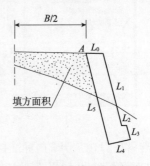

图2-34 墙背填土线示意图

提示：

①添加"右侧标准挡墙"的方法与左侧相同；也可直接选择"左侧标准挡墙"中的挡墙，然后拖放到"右侧标准挡墙"中，选取该挡墙，按鼠标右键菜单中的"垂直镜像挡墙"命令，系统自动将其镜像为右侧的标准挡墙断面。

②可以通过鼠标拖动或复制某一已有的挡墙断面，然后进行挡墙属性的修改，得到新的标准挡墙。

（2）为当前设计项目设置挡墙

设置好标准挡墙后，根据设计路段支挡工程的设置情况为每个段落选择挡墙形式，并设置挡墙属性。设置挡墙的步骤如下（以设置左侧挡墙为例）：

①单击树窗口内展开的"挡墙文件"下的"左侧挡墙"；

②在属性窗口输入"左侧挡墙"的"起点桩号"和"终点桩号"，一般直接将其设定为路线的起终点桩号；

③单击树窗口内展开的"挡墙文件"下的"左侧挡墙"，按鼠标右键，从弹出的快捷菜单中选择"新增挡墙分段"，并修改此范围内挡墙的名称"所有的护坡"，输入该范围内所有挡墙的起终点桩号；

提示： 可以用挡墙分段的方法来管理相同类型的挡墙；如果当前工程项目中的挡墙形式单一、数量不多，可以省略此步骤。

④在树窗口中，从"左侧标准挡墙"中选择某一类型的挡墙，拖放到"挡墙文件"下新建的"左侧挡墙分段"中，或者"挡墙文件"下的"左侧挡墙"中（图2-35）；

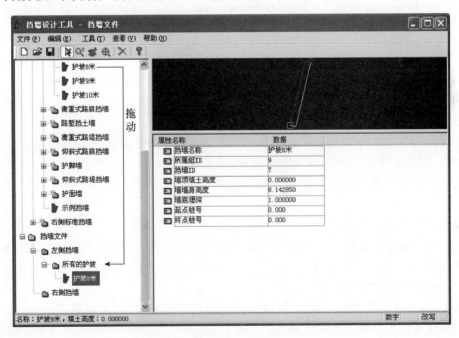

图2-35　拖放标准挡墙到挡墙文件的操作

⑤在属性窗口输入该段挡墙的起终点桩号；

⑥单击该挡墙，按右键在弹出菜单中选择"自动变换墙高度"。横断面设计绘图时，系统会针对每个断面不同的填土高度自动在该侧同类型标准挡墙中调用不同墙高的挡墙进行横断

面设计绘图。对于路堤挡墙,在弹出菜单中可以设置"自动变换墙高度"或"自动变换填土高度"两种变化形式。要在挡墙的外侧设置排水沟时,在弹出菜单中选择"墙外设置排水沟"。

提示:设置完毕后分别单击"左、右侧挡墙",按鼠标右键,选择弹出菜单的"排序",对各段挡墙按桩号自动进行排序处理,若排序时系统未提示出错信息,说明挡墙设置基本正确。

右侧挡墙的设置与左侧相同。

3. 横断面图绘制

(1)单击菜单【设计】→【横断面设计绘图】,打开"横断面设计绘图"界面(图2-36)。

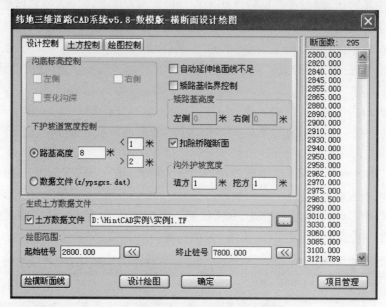

图2-36　横断面设计绘图对话框设计控制标签

(2)设置【设计控制】选项。

①左右侧沟底标高控制。

只有进行路基排水沟的纵坡设计,并在项目管理器中添加了左右侧沟底标高设计数据文件,"沟底标高控制"中的"左侧"和"右侧"控制才可用。在绘制横断面图时,可选择是否按排水沟的设计纵坡进行排水沟的绘制,且可选择是否按照变化的沟深进行设计(默认方式为固定沟深)。

②自动延伸地面线不足。

当横断面地面线测量宽度不够时,会导致横断面设计绘图时边坡线与地面线无法相交,不能计算填挖面积。选择"自动延伸地面线不足"时,系统可自动按地面线最外侧一段的坡度延伸,直到边坡线与地面线相交。

注意:不建议使用该功能。例如,当最外侧的地面线铅垂时,即使选择了"自动延伸地面线不足",也无法使边坡线与地面线相交。因此,当地面线宽度不够时,应该补测地形图或者设置支挡构造物收缩坡脚。

③矮路基临界控制。

当路基边缘填方高度较小时,外侧应该直接按照挖方路段设置边沟。选择此项后,应输入左右侧填方路基的一个临界高度数值(一般为边沟的深度),当路基填方高度小于临界高度时,不按填方放坡之后再设计排水沟,而是直接在路基边缘设计边沟。利用此项功能还可以进行反开挖路基等特殊横断面设计。

④下护坡道宽度控制。

该功能用来控制高等级公路填方断面下护坡道的宽度。支持两种控制方式:一是根据"路基高度"控制,先输入路基填土高度后,再指定当路基高度大于该数值时下护坡道的宽度值和小于该数值时下护坡道的宽度(图2-37);二是根据"数据文件"控制,软件根据设计控制参数中路基左右侧排水沟的尺寸控制。

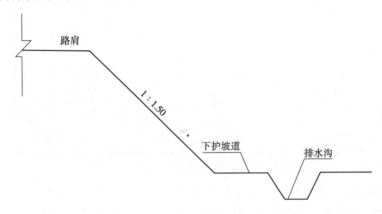

图2-37　下护坡道示意图

如果采用第二种控制方式,则路基左右侧排水沟数据的第一组数据必须是下护坡道的数据,且其坡度值为0。如果采用第一种控制方式,则系统会自动忽略左右侧排水沟数据中的下护坡道控制数据。

⑤扣除桥隧断面。

选择此项后,系统将不绘制桥隧桩号范围内的横断面图。

⑥沟外护坡宽度。

用来控制横断面绘图时排水沟(或边沟)的外缘平台宽度,可以分别设置沟外护坡平台位于填方或挖方区域的宽度。当沟外侧的边坡顺坡延长1倍沟深后判断是否与地面相交,如果延长后沟外侧的深度小于设计沟深的2倍,则直接延长沟外侧坡度与地面线相交;反之则按原设计边沟尺寸绘图,在沟外按用户指定的护坡平台宽度生成平台,最后继续判断平台外侧填挖,并按照控制参数文件中填挖方边坡的第一段非平坡坡度开始放坡交于地面线。

(3)打开【土方控制】标签,设置【土方控制】选项(图2-38)。

①计入排水沟面积。

计算横断面的挖方面积时是否计入排水沟的土方面积。

②计入清除表土面积。

横断面的面积中是否计入清除表土面积。清除表土的具体分段数据、宽度以及厚度由控制参数文件中的数据来控制。

③计入左右侧超填面积。

横断面面积计算中是否计入填方路基左右侧超宽填筑部分的土方面积。左右侧超填的具体分段数据和宽度见设计参数控制文件。

④计入顶面超填面积。

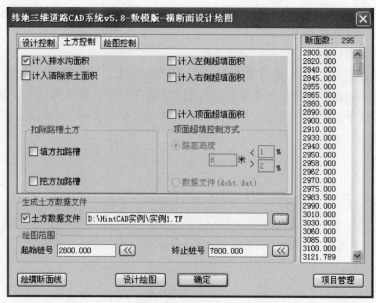

图 2-38　横断面设计绘图对话框土方控制标签

主要用于某些路基沉降较为严重,需要在路基土方中考虑因地基沉降而引起的土方数量增加的项目。顶面超填也分为"路基高度"和"文件控制"两种方式,路基高度控制方式,即按路基高度大于或小于某一指定临界高度分别考虑顶面超填的厚度(路基高度的百分数)。

⑤扣除路槽土方。

横断面面积中是否扣除路槽部分土方面积。可以选择对于填方段落是否扣除路槽面积和挖方段落是否加上路槽面积。路基各个不同部分(行车道、硬路肩、土路肩)路槽的深度在控制参数数据中确定。

(4)打开【绘图控制】标签,设置【绘图控制】选项(图 2-39)。

图 2-39　横断面设计绘图对话框绘图控制标签

①选择绘图方式。

根据规范规定、不同设计单位的设计文件格式惯例以及其他需要,可以选择不同的绘图方式以及绘图比例。其中"自由绘图"一般用于横断面设计检查和为路基支挡工程设计时提供参考的情况,在仅需要土方数据或横断面三维数据等情况下,采用"不绘出图形"方式。在路线方案设计阶段,一般选择"自由绘图",查看横断面设计情况。

②插入图框。

在横断面设计绘图时选择是否自动插入图框,图框模板为纬地安装目录下的"Tk_hdmt.dwg"文件,也可以根据项目需要修改图框内容。

③中线对齐。

在横断面绘图时选择是否以中线对齐的方式,默认方式是以图形居中的方式排列。

④每幅图排放列数。

指定每幅横断面图中横断面排放的列数,一般适用于低等级道路横断面宽度较窄的情况。

⑤自动剪断地面线宽度。

在横断面绘图时,根据指定的宽度将地面线左右水平距离超出此宽度的多余部分裁掉,保持图面的整齐。

提示:当设计边坡后的坡脚到中线的宽度大于此宽度时,系统将保留设计线及其以外一定的地面线长度。

⑥绘出路槽图形。

在横断面绘图时选择是否绘出路槽部分图形。

⑦绘制网格。

在横断面设计绘图时选择是否绘出方格网,需要绘制方格网时,可以指定格网的大小。

⑧标注部分。

根据需要选择在横断面图中标注的内容。每个横断面的断面数据的标注可以选择"标注低等级表格""标注高等级表格"和"标注数据"三种方式。

⑨输出相关数据成果部分。

在横断面设计绘图时,一般选择输出横断面设计"三维数据"和路基的"左右侧沟底标高"。"三维数据"用于结合数模数据建立公路三维模型。"左右侧沟底标高"数据输出的临时文件为纬地安装目录下的"\Lst\zgdbg.tmp"和"\Lst\ygdbg.tmp"文件,可以为公路的边沟、排水沟沟底纵坡设计提供地面线参考,利用纬地的纵断面设计功能进行边沟或排水沟的设计,完成后选择保存为"存沟底标高",并按沟底纵坡控制模式重新进行横断面设计。

(5)生成土方数据文件。

选择是否需要生成土方数据文件,如果选择生成土方数据文件,需要指定数据文件名称和路径。

(6)绘图范围。

从右侧显示的断面桩号列表中选择起点桩号,单击"起始桩号"编辑框后的 [<<] 按钮;选择终点桩号,单击"终止桩号"编辑框后的 [<<] 按钮,完成绘图范围的指定。

(7)单击【设计绘图】按钮,开始进行横断面设计和绘图。

七、项目管理器

项目管理器是纬地软件提供的管理某个工程设计项目的所有数据文件及与项目相关的其他属性(如项目名称、公路等级、超高加宽方式、断链设置等)的一个高效管理工具。只有项目管理器中正确包含了设计所需要的数据文件,并正确设置了项目属性,才能完成项目的设计计算、正确地生成图形和表格。

1. 项目管理器中包含的文件

当公路设计项目完成时,项目管理器中一般包含设计数据文件、设计参数文件、外业基础数据文件、中间成果数据文件四种类型的数据文件。

(1)设计数据文件
①平曲线数据文件(*.PM);
②平面交点数据文件(*.JD);
③纵断面设计文件(*.ZDM)。

(2)设计参数文件
①超高渐变数据文件(*.SUP);
②路幅宽度数据文件(*.WID);
③桩号序列数据文件(*.STA);
④设计参数控制文件(*.CTR);
⑤左边沟纵坡文件(*.ZBG)(如果对左边沟沟底纵坡进行设计,则需要该文件);
⑥右边沟纵坡文件(*.YBG)(如果对右边沟沟底纵坡进行设计,则需要该文件);
⑦挡土墙设计文件(*.dq)(设置了挡土墙的情况下需要该文件)。

(3)外业基础数据文件
①纵断面地面线文件(*.DMX);
②横断面地面线文件(*.HDM);
③三维数模组文件(*.gtm)(有数字地面模型,且需要内插纵断面和横断面地面线数据时才需要该文件);
④路基左边线地面高程(*.zmx)(如果对左边沟沟底纵坡进行设计,则需要该文件);
⑤路基右边线地面高程(*.ymx)(如果对右边沟沟底纵坡进行设计,则需要该文件)。

(4)中间成果数据文件
①路基设计中间数据文件(*.LJ);
②土石方中间数据文件(*.TF);
③横断面三维数据文件(*.3DR)(在绘制总体布置图或输出路线三维模型时需要该文件)。

2. 在项目管理器中添加数据文件

有些数据文件在用户设计过程中或者使用纬地专用数据录入工具输入后,系统会自动将其添加到项目管理器中,有些数据文件则需要手工添加到项目管理器中。另外,当更换计算机继续进行设计时,也需要重新指定某些数据文件到项目管理器中。向项目管理器中添加数据文件的步骤如下:

(1)单击菜单【项目】→【项目管理器】,弹出图 2-40 所示项目管理器对话框;

(2)点取对话框中【文件】标签,出现项目中的所有数据文件列表,见图 2-40;

(3)单击列表中要添加或者重新指定的数据文件,单击右侧出现的 ,弹出文件浏览对话框,选择相应的数据文件,完成添加数据文件或者重新指定数据文件。

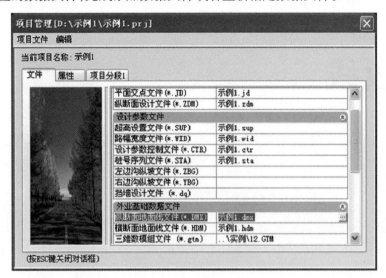

图 2-40　项目管理器对话框

提示: 如果在项目管理器中删除某个文件,则直接在对话框中将该文件名清除即可,并保存项目。

第三章

实地放线

实地放线在定测阶段也称为中线敷设,就是将纸上定线后的道路中线在地面上标定,供现场落实核对以及详细测量之用。定测阶段的实地放线与初测阶段和施工阶段的放线有所不同。初测阶段放线的主要目的是满足部分控制性路段专业调查的需要。施工阶段进行实地放线则将道路的中线和边线均标定在地面上,以指导施工作业。

第一节　工作内容与要求

一、实地放线的原理和方法

定测阶段的实地放线就是将道路中线用一系列的木桩在地面上标记出来。这些木桩称为中桩,实地放线也随之称为中桩放样。中桩包括公里桩、百米桩、曲线主点桩和加桩。

放样是测量工作的另一种形式,是传统测量概念的逆过程。放样是根据设计点与已知点间的角度、距离和高差,用测量仪器测定出设计点的实地位置,并埋设标志。放样基本工作包括平面点位的放样和高程的放样。实习中一般仅作平面点位放样。

道路实地放线时,采用不同的仪器,放样的方法有所不同。如果采用经纬仪放样且没有中桩坐标时,一般采用的放样方法有切线支距法、偏角法、弦线支距法;采用全站仪放样中桩时,主要采用极坐标法；采用 GPS 放样中桩时，采用 GPS RTK 法。以上方法的放样原理见《测量学》相关教材。目前在实地放线中普遍采用的仪器是全站仪和 GPS，本章将介绍使用这两种仪器的放样操作步骤。

二、工作内容和步骤

本阶段工作由队长安排，以小组为单位轮换进行，每组完成一定数量的放线工作。首先，进行实地放线前的准备工作，包括控制点的复测和中桩放样数据的准备。然后，依据控制点或控制桩的坐标位置，以一系列经过标记的木桩将放样点在地面上详细标定出来（图 3-1）。

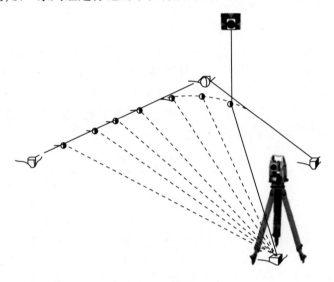

图 3-1　全站仪中桩放样示意图

三、所需仪器和物品

每队所需仪器和物品见表 3-1。其中全站仪和 GPS 任选一种。如果有条件的话，也可以都配备，学生可以分别学习使用两种仪器放样中桩的方法。

每队所需仪器和物品　　　　　　　表 3-1

序号	名　称		数量	备　注	序号	名　称	数量	备　注
1	全站仪	主机	1个	含电池	2	铁锤	1把	
		脚架	1个	全站仪专用	3	记号笔	1支	
		棱镜	2个	与全站仪配套	4	中桩记录表	若干	用于记录放样的中桩坐标
		棱镜架	2个					
	GPS	基准站	1套（全班共用）	主机+三脚架	5	背包	1个	装木桩用
		流动站	1套	主机+对中杆	6	铁钉、红布、木桩	若干	
		电台	1个（全班共用）	基准站和流通站通信	7	小钢尺	1个	带高程放样时配备
		手簿	1个					

第二节　放样前的准备

一、控制点复测和加密

在实际工程中由于建设周期长,控制点有可能产生位移或破坏。因此,在实地放线前必须对原有控制点进行平面及高程检测,检查其稳定可靠度,对丢失或破坏的导线点进行恢复与补设。控制点的复测步骤与控制测量的步骤相同。当复测成果与原成果符合限差要求时,应采用原成果;否则应对整个控制网进行重测,并应重新进行平差计算。

道路等级不同,复测过程需要满足相应精度等级的规范要求。因此在进行控制点复测的实际操作之前,应首先查阅相应规范,确定精度等级。例如,根据《公路勘测规范》(JTG C10—2007)三级公路的平面与高程控制测量的等级分别为二级和五等。复测时用与已知控制点同等精度的要求进行控制测量,最后整理出控制点复测成果表(表3-2)。控制测量的具体操作方法参考《测量学》相关教材,此处不再赘述。

控制点复测成果表　　　　　　　　　　表3-2

序号	点号	坐标(m)			位置	备注
		X	Y	Z		

根据工程现场的需要,原有控制点有可能不能满足对整个工程实施放样,必要时应进行控制点加密以满足放样要求。测量过程中可以采用复测、加密同时进行的方法作业。

平面控制点的布设要求如下:

(1)路线平面控制点距路线中心线的距离应大于50m,小于300m,每一点至少应有一相邻点通视;

(2)平面控制点相邻点间的平均边长应参照规范要求。例如二级平面控制网中相邻点间平均边长为300m,在山岭区最小边长不得小于100m,最大边长不应大于600m。

高程控制点的布设要求如下:

(1)高程控制点距路线中心线的距离应大于50m,小于300m;

(2)路线高程控制点间的距离以1~1.5km为宜,山岭重丘区可根据需要适当加密为1km左右。

二、准备放样数据

公路中线的位置是用中桩来表示和控制的。因此,在实施放样前应准备好中桩坐标数据。一般在设计阶段不放样中桩高程,只需要准备中桩平面坐标。需要放样的中桩桩号和数量是根据路线中桩桩距的相关要求,结合各种中桩加桩的要求确定的。

1. 确定中桩桩号

(1)根据规范,确定中桩间距。例如,《公路勘测规范》(JTG C10—2007)规定路线中桩间距不应大于表3-3的规定。除了指定间距外,中桩还包括平曲线要素点。

中 桩 间 距　　　　　　　表3-3

直 线（m）		曲 线（m）			
平原微丘区	重丘山岭区	不设超高的曲线	$R>60$	$30<R<60$	$R<30$
50	25	25	20	10	5

（2）设置加桩。路线经过下列位置应设加桩:
①路线纵、横向地形变化处;
②路线与其他线状物(道路、铁路、水渠、管道、电信线、电力线等)交叉处;
③拆迁建筑物处;
④桥梁、涵洞、隧道等构造物的中心及大中桥、隧道的两端;
⑤土质变化及不良地质地段起、终点处;
⑥道路轮廓及交叉中心;
⑦省、地(市)、县级行政区划分界处;
⑧改、扩建公路地形特征点、构造物和路面面层类型变化处。

2.生成中桩坐标表

根据路线设计文件,可以采用道路设计软件按中桩桩号输出桩号坐标表。以纬地为例,步骤如下:

（1）运行设计向导,指定中桩间距并勾选曲线要素,生成初步桩号序列文件(*.sta);
（2）打开桩号序列文件,在其中加入需要加桩的桩号并保存;
（3）完成纵断面地面线插值,生成纵断面地面线文件(*.dmx);
（4）完成横断面地面线插值,生成土方数据文件(*.tf);
（5）运行纬地表格→逐桩用地表,完成各桩号的坐标计算;
（6）逐页将逐桩用地表内的中桩坐标数据拷出保存。

当加桩与公里桩、百米桩、曲线主点桩重叠或距离很近时,可以取消加桩,但公里桩、百米桩、曲线主点桩一般情况下不允许取消。

3.导入放样数据

将中桩坐标数据和控制点坐标数据传输到放样仪器中,供后期放样使用。也可以手工逐个输入数据,但不如成批导入数据方便。

1)导入全站仪

以 Leica TPS300 系列全站仪和测量办公室软件包为例,说明坐标数据的导入步骤如下:

（1）将中桩坐标数据和控制点坐标数据按一定的格式整理并保存为.idx文件(图3-2);
（2）将全站仪和计算机进行硬件连接;
（3）打开测量办公软件,选择【设置】—【通信设置】,完成参数的输入;
（4）全站仪中按 Shift + PROG 按钮,打开【菜单】,选择【完全设置】—【通信】进行同样的参数设置;
（5）通过测量办公室软件选择【数据交换管理器】,在打开窗口的全站仪区域中的"作业组"文件夹下建立新的或选择已有工作文件夹,如"作业1:Job01",其中 Job01 为作业名称;

```
DATABASE
  POINTS (PointNo,PointID,Code,East,North,Elevation,CLASS)
1,     "K0+000",    "",     6006.61923,     36016.39944,        0,     FIX;
2,     "K0+000Y",   "",     6004.99873623056,          36017.5716174367,    0,    FIX;
3,     "K0+0002",   "",     6008.23972376944,          36015.2272625633,    0,    FIX;
4,     "K0+013.695",  "",   5998.59274500188,          36005.3031089138,    0,    FIX;
5,     "K0+013.695Y", "",   5996.97225123245,          36006.4752863505,    0,    FIX;
6,     "K0+013.6952", "",   6000.21323877132,          36004.130931477,     0,    FIX;
7,     "K0+018.803",  "",   5995.59900382843,          36001.1643678266,    0,    FIX;
8,     "K0+018.803Y", "",   5993.978510059,  36002.3365452634,   0,    FIX;
9,     "K0+018.8032", "",   5997.21949759787,          35999.9921903898,    0,    FIX;

END POINTS
END DATABASE
```

图 3-2　idx 文件形式

(6)从计算机区域复制坐标数据文件到全站仪区域的文件夹作业 1 中,完成数据传输。

2)导入 GPS

以 Leica CS10 GPS 手簿为例,介绍坐标数据的输入步骤如下:

(1)将中桩坐标数据和控制点坐标数据保存为 ASCII 格式;

(2)将存有坐标数据的 USB 或 SD 卡插入手簿上;

(3)在手簿主菜单中选择【项目 & 数据】—【新建项目】—【导入数据】—【导入 ASCII 数据】,选择要导入的数据文件和需导入数据的项目,点击确认,开始导入数据;

(4)点击【配置】进入 ASCII 格式设置界面,点击确认,完成格式设置。

第三节　实　施　放　样

根据所用仪器,采用合适的中线放样方法,将中桩敷设在地面上。

一、全站仪法

1. 仪器安置(图 3-3)

(1)选择能够观测到较多放样点的某一控制点 A 为测站,在 A 上架设全站仪,并对中、整平仪器;

(2)以 A 的相邻控制点 B 为后视点,在 B 上架设棱镜,棱镜架垂直立杆的端部应与地面标志点重合;

(3)调整棱镜面与全站仪视准轴保持垂直。

2. 全站仪定向

定向就是利用测站 A 和后视点 B 的坐标确定测量所用的整个坐标系统,使测量或放样时地面上的点都对应这一个坐标系统,正北方向的水平角为 0°。观测数据的正确与否,取决于人工定向的精度。以 Leica TPS300 系列全站仪为例,介绍定向的操作步骤。

1)选择作业

选择数据保存的位置。

(1)按【PROG】按键,调出应用程序菜单(图 3-4);

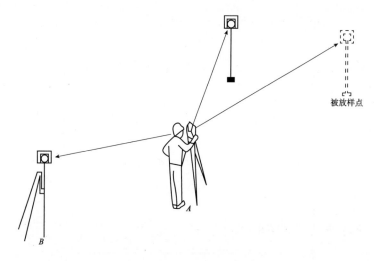

图 3-3　全站仪放样操作示意图

图 3-4　应用程序菜单

(2)选择【②放样】,进入程序设置菜单(图 3-5);

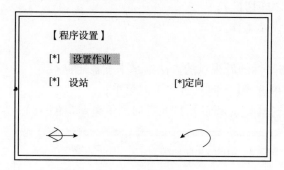

图 3-5　程序设置菜单

(3)选择【设置作业】,打开设置作业菜单(图 3-6);
(4)通过方向键将光标移到 Job 处,通过左右方向键在已经存在的文件名中选择已保存放样数据的作业 1,名称为"Job01";
(5)如果需要建立新的工作文件夹,则通过方向键将光标移到【新作业】,完成后续操作;
(6)按回车按键,完成作业的选择。
2)设置测站
设置测站的平面坐标。如果仪器内存中没有该坐标,可以手工输入。

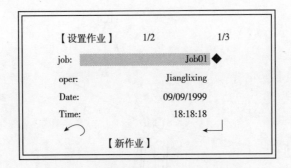

图 3-6　设置作业菜单

(1) 返回程序设置页面；
(2) 选择【设站】,进入设站菜单(图 3-7)；

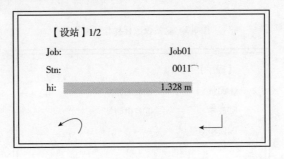

图 3-7　设站菜单

(3) 通过方向键将光标移到 Stn 处,再通过左右方向键输入测站点名称,如 A。如果是已保存点的话,系统自动调出相应的坐标数据并显示；如果要输入新点号及坐标,则出现坐标输入界面,按左右方向键进入输入状态,按上下方向键选择相应的数字或字母(输入状态下按 Shift 键,在数字和字母之间切换)；
(4) 按回车键完成设站工作。

3) 定向

一般通过测量已知坐标的后视点的方法给水平度盘定向。

(1) 在程序设置菜单选择【定向】,进入定向菜单；
(2) 在定向菜单,选择【定向测量】,进入定向测量菜单(图 3-8)；

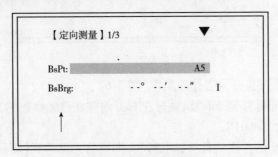

图 3-8　定向测量菜单

(3) 通过方向键将光标移到 BsPt 处,输入后视点点号,如 B；如果内存中没有该点,则仪器自动显示手工输入坐标的对话框,可以手工输入该点坐标；

(4)按回车键确定完成后视点坐标输入;

(5)照准后视点棱镜,步骤如下:

①首先进行目镜对光,即转动目镜螺旋,使十字丝清晰;

②利用望远镜筒上的粗照准器瞄准棱镜后,转动物镜使棱镜清晰。当眼睛上下移动时,以十字丝与棱镜中心不产生相对运动为标准;

③调节水平和竖直微动螺旋,使十字丝精确对准棱镜中心。当距离太远看不清棱镜中心时,可以以十字丝平分棱镜外边框上的三个黄色三角形的方法来瞄准(图3-9)。

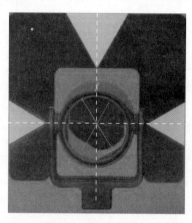

图3-9 十字丝精确对准棱镜中心

(6)棱镜照准无误后,按确定键,显示定向结果。

注意:一般情况下后视点越多定向越精确。Leica TPS300系列全站仪最多可以用测量5个已知坐标点的方法来定向。为保证定向的精度,一般在定向完成后重新照准后视点并测量,查看测量的后视点坐标与输入坐标之间的误差,一般不应超过2cm。同时,在放样过程中也应采用同样的方法经常测量后视点,检核定向精度。

3. 放样操作

在放样程序里,有三种点的放样方法:极坐标法、正交法和增量法。用全站仪放样中桩,一般采用极坐标法,显示目前位置距被放样点坐标的角度偏离值 dHz 和纵向偏离值 dHD,如图3-10所示。具体操作步骤如下:

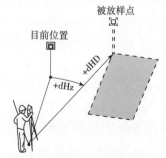

图3-10 全站仪极坐标法放样操作示意图

1)输入放样点坐标

(1)返回程序设置菜单,选择 ⟷ ,打开放样对话框,开始放样作业;

(2)在默认打开的放样界面1/4(图3-11),将光标移到PtID处,通过左右方向键从内存中调用已知点号;如果是新点的话,输入新点号后,按系统提示输入坐标值;

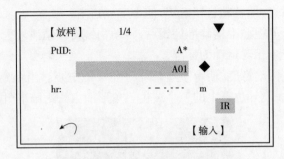

图3-11 放样界面1/4

(3)输入放样点坐标后,按Shift和下方向键,进入极坐标放样界面(放样界面2/4),如图3-12所示。

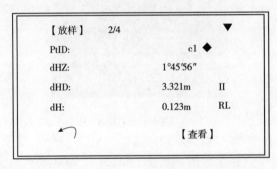

图3-12 极坐标放样界面(放样界面2/4)

2)确定放样点方向

(1)转动全站仪,使全站仪上显示的水平角差dHZ(视线方向的方位角与放样点方位角的差值,由全站仪自动计算)为零后,全站仪水平制动;

(2)沿全站仪视线方向,指挥前棱镜手移动,使棱镜位于视线方向。

3)确定放样点距离

(1)沿全站仪视线方向,前棱镜手站定后,用全站仪照准棱镜;

(2)按测距键DIST,当显示的距离差dHD(棱镜到置仪点的距离与极距的差值,由全站仪自动计算)小于所规定的桩位限差时(如山区三级公路为±15cm),在地面定出放样点;否则根据距离差dHD的正负号指挥前棱镜手继续背离或朝向全站仪视线方向移动。

4)增加测站点

在放样过程中,会出现原有控制点不满足放样需求的情况。如图3-13所示,K5+520至K6+180之间的中桩,在控制点D_7和D_8上均难以放样。此时可以采用交汇定点(也称自由测站)的方法在导线的基础上加密一些测站点,以便把中桩逐个定出。该方法的原理参考《测量学》相关教材。全站仪后方交汇定点的具体操作步骤如下:

(1)安置仪器

在选定的新点上安置仪器(如图3-13中M点),选择的新点确保不在将输入的已知点(如D_7和D_8点)构成的外接圆上,否则新点的坐标具有不确定和不可解算性。

D_7
M
K6+180
K5+520
D_8

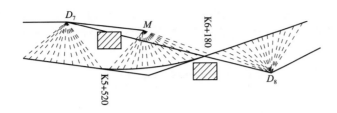

图 3-13　增加测站点情境示意图

(2)进入程序

按 PROG 按钮,进入程序菜单。通过方向键选择自由测站,然后按确定键。在新打开的界面中选择→进入自由测站设置界面(图 3-14)。

(3)设置测站

【自由测站设置】
Stn:　A01
Hi:　1.500m

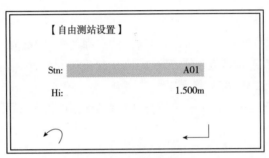

图 3-14　自由测站设置界面

通过方向键在 Stn 处输入测站点名称 M,在 Hi 处输入仪器高。

(4)设置已知点

测站设置完成之后按确定键进入已知点设置界面,如图 3-15 所示。

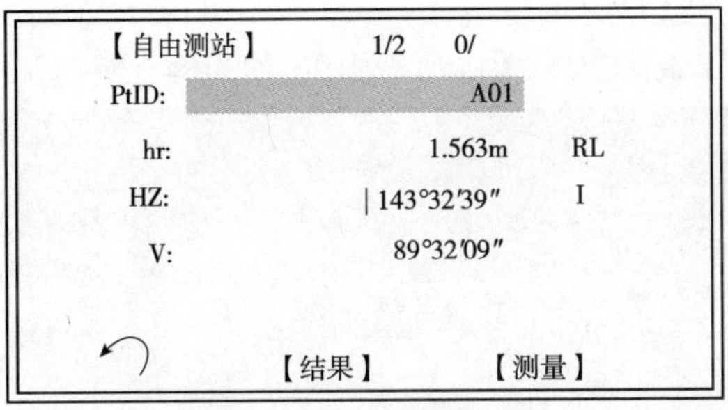

【自由测站】　1/2　0/
PtID:　A01
hr:　1.563m　RL
HZ:　| 143°32′39″　I
V:　89°32′09″
【结果】　【测量】

图 3-15　已知点设置界面

①在已知点(如 D_7 点)上架设棱镜;

②在 PtID 处输入第一个已知点的名称和棱镜高 hr。如果全站仪内存中没有记录该点的坐标,则需进一步手工输入相应的坐标值;

③输入完成之后,将全站仪照准棱镜,选择【测量】,按确认键;

④第一个已知点设置完毕,依次输入并照准测量其他已知点(如 D_8 点)。

注意:通过观测 2 ~ 10 个已知点便可计算出测站点的坐标。Leica TPS300 系列全站仪最多支持 5 个点。观测的已知点越多,观测的距离越多,计算所得的测站点坐标精度也就越高。可以测距时,最少观测 2 个已知点。无法测距时,最少观测 3 个已知点。

(5)计算坐标

①完成已知点的设置之后,选择【结果】,仪器显示计算得到的测站点数据;

②按确定键,确认测量结果(图3-16)。

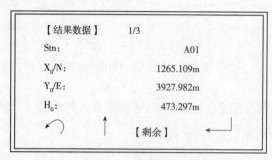

图3-16 自由测站计算结果

(6)放样精度检核

测站转移前,应观测检查测站与前、后相邻控制点间的角度和边长,角度观测左角一测回,测得的角度与计算角度互差应满足相应等级的测角精度要求。距离测量一测回,其值与计算距离之差应满足相应等级的距离测量要求。

测站转移后,应对前一测站所放桩位重放1~2个桩点,桩位精度应满足规范要求(如山区三级公路为≤30cm)。

二、GPS RTK 法

GPS 一般采用 RTK 作业模式进行中桩放样(图3-17)。GPS 流动站根据基准站发射的卫星信号和数据,实时差分解算出 GPS 流动站与放样点的地理方位和距离,并随时显示在 GPS 电子手簿上,我们可以根据 GPS 电子手簿上显示的数据。根据 GPS 电子手簿上显示的数据,通过不断调整流动站的位置,最终确定放样点位。GPS RTK 作业模式的详细原理参照《测量学》相关教材。本小节以 Leica CS15 主机和 CS10 手簿为例介绍使用 GPS 的放样步骤。

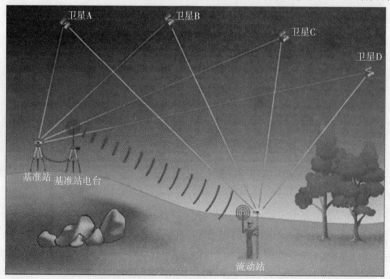

图3-17 GPS RTK 作业模式原理图

1. 仪器架设

（1）选择基准站架设区域，应满足以下要求：

①地势相对较高，以利于电台的作用距离，如建筑物屋顶、山头等；

②尽量避开交通要道、过往行人的干扰；

③距离微波塔、通信塔等大型电磁发射源 200m 外，距离高压输电线路、通信线路 50m 外；

④周围无高度超过 15°的障碍物阻挡卫星信号，周围无信号反射物（大面积水域、大型建筑物等），以减少多路径干扰。

（2）在已知 WGS84 坐标的控制点或任意点上架设基准站；

（3）在基准站旁边架设基准站电台（图 3-18），将电台与天线和电源连接；

（4）架设流动站（图 3-19）；

（5）打开电台电源，待电台屏幕显示正常后，再连接基准站主机；

（6）分别打开基准站和流动站的主机、手簿。

图 3-18　基准站

图 3-19　流动站

2. 仪器设置

一般用手簿通过蓝牙连接完成基准站和流动站的设置。

1）基准站设置

（1）建立连接

①从基站菜单中选择【仪器】—【基站连接】—【连接到基站】，打开连接基站接收机界面（图 3-20）；

②勾选使用蓝牙，点击确认，使手簿与基站建立连接。

（2）卫星跟踪设置

①从基站菜单中选择【仪器】—【基站设置】—【卫星设置】，打开卫星跟踪界面；

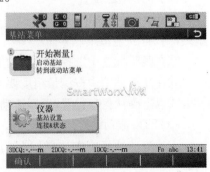

图 3-20　连接基站接收机界面

②在跟踪标签中选择所需要的卫星系统；

③在高级标签中按测量精度要求设定截止角、限制值等参数(图3-21)；

④点击确认保存设置，退回基站菜单。

(3)RTK 基站接口设置

①从基站菜单中选择【仪器】—【基站连接】—【其他所有连接】，打开 RTK 基站接口设置界面；

②选中【RTK 基站1】，点击编辑，打开 RTK 基站设置界面；

③在一般信息标签中勾选发送 RTK 基站信息，并选择连接端口（GS 传感器端口2）、电台设备（基准站所连接的电台）以及 RTK 数据格式（Leica）；

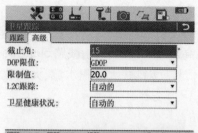

图3-21 设定截止角、限制值等参数

④在数据速率标签中设置数据传输率、坐标传输率和信息传输率等信息，点击确认回到 RTK 基站接口设置界面；

⑤选中【RTK 基站1】，点击控制，设置通道（默认为0）并记录实际频率（这一频率应与基准站电台的设置频率一致）；

⑥点击确认，保存设置。

(4)启动基站

①从基站菜单中选择【开始测量】，打开开始测量界面；

②如果基站架设在已知点上（已知 WGS84 坐标的点），选择【在已知点上】，在打开的界面中选择仪器中的已知点，点击下一步完成基站设置；

③如果基站架设在与上次相同的点上，选择【在上次设站上】，完成基站设置；

④如果基站架设在任意点上，选择【在任意点上】，在打开的界面中输入该点名称，完成基站设置。

2)流动站设置

(1)建立连接

①进入流动站菜单选择【仪器】—【仪器连接】—【GS 连接向导】，打开 GS 连接向导(图3-22)；

②选择接收机类型，点击下一步；

③设置蓝牙，使手簿与流动站建立连接。

(2)卫星跟踪设置

①从流动站菜单中选择【仪器】—【GPS 设置】—【卫星跟踪】，打开卫星跟踪界面；

②在跟踪标签中选择所需要的卫星系统；

③在高级标签中按测量精度要求设定截止角、限制值等参数；

④点击确认保存设置，退回流动站菜单。

图3-22 连接流动站接收机界面

(3)RTK 流动站接口设置

①从流动站菜单中选择【仪器】—【GPS 设置】—【RTK 流动站向导】，打开 RTK 流动站向导；

②如果第一次使用，则选择创建一个新模式，否则选择加载或编辑一个已有模式，点击下

一步；
　③输入或选择模式名称,点击下一步；
　④选择使用连接类型电台,点击下一步；
　⑤选择流动站主机使用的电台端口(GS 传感器端口 3),点击下一步；
　⑥仪器自动检测当前电台的通道和频率,通过调节通道确保流动站电台频率与基准站电台频率一致,点击下一步；
　⑦RTK 数据格式选择 Leica,基站传感器和天线类型选择自动检测,点击下一步；
　⑧仪器对相关设置进行检测并显示 RTK 连接状态界面(图 3-23),确认能够接收到 RTK 改正数；

图 3-23　RTK 连接状态界面

　⑨点击下一步,点击完成 RTK 流动站设置。
3)放样操作
(1)项目设置
　①在流动站菜单中选择【项目 & 数据】—【选择已知点项目】,打开存有放样点数据的项目；
　②在流动站菜单中选择【项目 & 数据】—【项目属性】,在平均标签选择平均模式、方法,输入限值(图 3-24)；
　③点击保存设置。

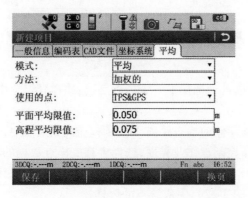

图 3-24　平均标签

(2)定义坐标系
由于 GPS 测量获得的坐标是基于 WGS84 椭球的坐标值,而在实际中常使用网格坐标,因此往往需要定义坐标系统将 WGS84 坐标值转换为网格坐标。对于较小区域(方形区域边长一般小于10km),可以采用一步法定义坐标系统。

①使用流动站测得若干控制点的 WGS84 坐标值,保存到 WGS84 坐标点项目文件;采用的控制点应大于4个,控制点应均匀分布于整个放线路段;

②在流动站菜单选择【开始测量】—【测量+】—【定义坐标系】,选择一步法;

③输入新定义的坐标系名称、WGS84 坐标点项目、地方坐标点项目(保存所有测 WGS84 坐标值的控制点的网格坐标数据的项目),点击确定;

④输入坐标系转换名称,高程模式选择正高,点击确认;

⑤默认大地水准面模型选项,点击确认;

⑥如果 WGS84 坐标点和地方坐标点名称相同,可以点击自动,自动进行点匹配;否则选择新建,增加新的匹配点;

⑦点击计算,计算转换参数;

⑧检查残差是否满足要求,如果残差合限,点击确认,保存坐标系统;如果个别匹配点残差过大,可以删除该点,选择最优组合。

⑨检查所定义坐标系的精度,选择任意一个控制点进行坐标测量,测量值与理论值之差应小于桩位检测之差的0.7倍(如山区三级公路为≤21cm)。

(3)实施放样

①从流动站菜单选择【开始测量】—【放样】,打开放样界面;

②点击配置,打开配置界面;

③在绘图标签,选择合适的参考方向、放样方式、设置蜂鸣提示的距离等(图3-25);

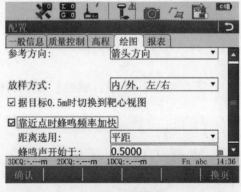

图3-25　绘图标签

④在一般信息标签勾选自动选择下一个最近点,当放样完一个中桩时,仪器会自动选择下一个最近点进行放样;

⑤质量控制标签,勾选存储前检查距离,设置限差值,如果需要,对放样质量进行检查;

⑥点击确认,打开选择控制点作业界面,选择含有放样点数据的项目名称;

⑦点击确认,进入放样界面(图3-26),选择待放样点,根据提示移动流动站找到相应地点,打入写好标记的中桩(图3-27),完成该点的放样。

(4)放样精度保证

①流动站至基准站的距离应小于5km,流动站至最近的高等级控制点应小于2km;

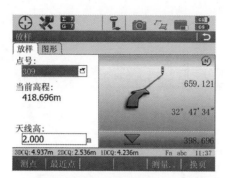

图 3-26 放样界面

图 3-27 中桩打桩

②放样过程中应时刻关注手簿页面显示的测量精度,RTK 模式下应该显示"固定"解。如果显示"单点"解,则说明流动站没有接收到基站差分信号,则不能放样,需要检查设备情况。

第四节 中桩桩志

中桩桩志是指中桩的标志及其相关的说明和要求等。

一、中桩的尺寸要求

中桩所用的桩一般采用木质桩,断面不小于5cm×5cm、长度不小于30cm。指示桩(指示中桩位置的桩)采用木质桩或竹质桩,断面不小于5cm×1.5cm、长度不小于30cm[图3-28a)]。

二、中桩书写要求

(1)所有中桩均应写明桩号。公里桩、百米桩、桥位桩应写出公里数。曲线主点桩应标出桩名[ZH(ZY)、HY、QZ、HZ(YZ)、GQ等][图3-28b)]。

(2)为了便于找桩,避免漏桩,所有中桩都应在桩的背面编写0~9的循环序号,并做明显标记,以利查找[图3-28c)、d)]。

(3)一般用红色油漆书写(在干旱地区或急于施工的路线也可用墨汁书写)。字迹应工整醒目,写在距桩顶5~10cm范围内,否则将被埋于地面以下无法判别里程桩号。

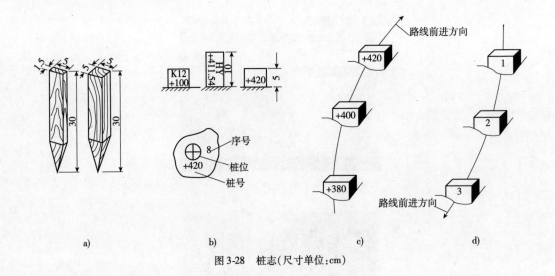

图 3-28 桩志(尺寸单位:cm)

三、中桩打桩要求

(1)中桩打桩,不要露出地面太高,一般以能露出桩号为宜,钉设时将桩号面向起点方向,使序号朝向前进方向,如图 3-28c)、d)所示。

(2)用于对点的中桩,桩顶要钉入小铁钉。

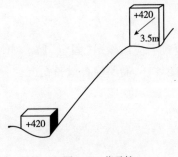

图 3-29 指示桩

(3)中桩位于柔性路面上时,可打入大铁帽钉,并在路旁一侧打上指示桩,注明距中线的横向距离,并以箭头指示中桩位置及其桩号(图 3-29)。

(4)遇到刚性路面无法打桩时,应在路面上用红色油漆标记"⊕"表示桩位,并写明桩号、序号等[图 3-28b)],并在路侧打上指示桩。

(5)遇到岩石地段无法打桩时,应在岩石上凿刻标记"⊕"表示桩位,并写明桩号、序号等[图 3-28b)],并在附近松软的地方打上指示桩。

(6)杂草丛生的地方,应在中桩附近的草木上系上红布条做指示。

第四章
中桩高程测量

中桩高程测量是测出放样后每个中桩处的地面高程,得到道路中线的高低起伏变化情况,为后续的内业纵断面设计提供地面高程资料。

第一节 工作内容与步骤

一、中桩高程测量的目的与方法

道路纵断面即沿着道路中线竖直剖切然后展开的立面投影。道路纵断面图的绘图区域主要由纵断面地面线和设计线组成。其中地面线是表征道路经过地方的纵向地面起伏变化的,在定测阶段通过现场实测中桩地面高程获得。具体概念参照《道路勘测设计》(第四版)(许金良主编)纵断面设计的相应内容。

中桩高程测量通常采用普通水准测量的方法施测,此时中桩高程测量可称为中平测量。具体方法是以相邻两控制点为一测段,在两个控制点之间按附合水准路线单程逐点施测中桩的地面高程。高程控制点常称为水准点,控制点间的中桩称为中间点,在两控制点间传递高程的点称为转点。附合水准测量的方法和原理见《测量学》相关教材。

中桩高程测量还可以采用三角高程测量或 GPS RTK 方法施测。对于等级较低的道路(例如三级及三级以下公路),可以在中桩放样的同时使用全站仪进行中平测量。这时需要在架设全站仪时量取并输入仪器高和棱镜高。在中桩的平面位置定出后,随即测出该桩的地面高程(Z坐标)。这样中平测量就无需单独进行,从而简化测量工作。

二、工作内容和步骤

本章主要介绍中平测量。首先收集各水准点高程数据。然后以相邻两水准点为一测段作单程测量:从一个水准点出发,对测段范围内所有路线中桩逐个观测水准尺读数(称为中视读数),一直附合到下一个水准点上。接着计算测段高差闭合差,若满足精度要求,则继续计算该测段内各中桩的地面高程。按此方法,逐段计算出路线所有中桩的地面高程。

如果之前没有进行控制测量,或者不知道各控制点的高程,则应在进行中平测量之前进行基平测量。其主要工作是沿线设置水准点,并测定其高程,建立路线高程控制点,基平测量时,首先应将起始水准点与附近已知水准点进行联测,以获取绝对高程,并对测量结果进行检测。如有可能,应构成附合水准路线。测量时,采用一台水准仪往返观测或两台水准仪单程观测,所得闭合差应符合水准测量的精度要求,且不得超过容许值。作为中平测量的依据。

三、所需仪器和物品

每队所需仪器和物品见表4-1。

每队所需仪器和物品　　　　　　　　表4-1

序号	名称		数量	备注	序号	名称	数量	备注
1	水准仪	水准仪	1台		2	背包	1个	
		脚架	1个		3	记录表	若干	
		水准尺	2个					
		尺垫	2个					

第二节　中平测量

一、仪器安置

1. 选择测站点

水准仪应架设在能够观测到较多中桩的地方,但注意观测转点(或水准点)的视线长不应大于150m,观测中桩的视线可适当放长。

2. 架设水准仪并整平

(1)打开三脚架并使高度适中,目估使架头大致水平,检查脚架腿是否安置稳固,脚架伸缩螺旋是否拧紧;

(2)打开仪器箱取出水准仪,置于三脚架头上,用连接螺旋将仪器牢固地固连在三脚架头上;

(3)转动脚螺旋,使圆准器的气泡居中。

3. 立尺

转点处水准尺应立于尺垫、稳固的桩顶或坚石上；中桩处水准尺应立在紧靠桩边的地面上。

4. 瞄准水准尺

(1) 把望远镜对着明亮的背景,转动目镜对光螺旋,使十字丝清晰；

(2) 松开制动螺旋,转动望远镜,用望远镜筒上的照门和准星瞄准水准尺,拧紧制动螺旋；

(3) 从望远镜中观察水准尺,转动物镜对光螺旋进行对光,使目标清晰,再转动微动螺旋,使竖丝对准水准尺。

5. 读数

用十字丝的中丝在尺上读数。现在的水准仪多采用倒像望远镜,因此读数时应从小往大,即从上往下读。先估读毫米数,然后报出全部读数。对于有符合气泡观察窗的水准仪,还应在读数前后查看气泡,保证水准仪处于精平状态。精平的方法为,眼睛通过位于目镜左方的符合气泡观察窗看水准管气泡,右手转动微倾螺旋,使气泡两端的像吻合。

二、数据观测和记录

(1) 如图 4-1 所示,首先将水准仪置于 I 站,后视水准点 BM_1,前视转点 ZD_1,将中丝读数(精确至 mm)记入表 4-2 中后视、前视栏内；

(2) 依次观测 BM_1 与 ZD_1 间的中间点 K0+000、K0+020、K0+040、K0+060、K0+080,将中丝读数(精确至 cm)记入表格的中视栏；

(3) 将仪器搬至 II 站,后视转点 ZD_1,前视转点 ZD_2,然后观测各中间点 K0+100、K0+120、K0+140、K0+160、K0+180,将中丝读数分别记入后视、前视和中视栏；

(4) 按上述方法继续前测,直至闭合于水准点 BM_2(表 4-2),完成一个测段的数据观测和记录。

注意:当相邻两水准点间的距离较大,造成观测视线长度过长时,才考虑设置转点。

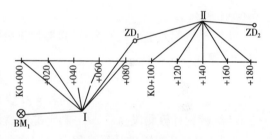

图 4-1 中平测量示意图

中平测量记录表示例　　　　　表 4-2

测点	水准尺读数(m)			视线高程(m)	高程(m)	备注
	后视	中视	前视			
BM_1	2.191			514.505	512.314	BM_1 高程为控制测量数据
K0+000		1.62			512.89	
+020		1.90			512.61	$f_{h容}=$
+040		0.62			513.89	$f_h=$
+060		2.03			512.48	
+080		0.90			513.61	

续上表

测点	水准尺读数(m)			视线高程(m)	高程(m)	备 注
	后视	中视	前视			
ZD_1	3.162		1.006	516.661	513.499	
+100		0.50			516.16	
+120		0.52			516.14	
+140		0.82			515.84	$f_{h容} =$
+160		1.20			515.46	$f_h =$
+180		1.01			515.65	
ZD_2	2.246		1.521	517.386	515.140	
…	…	…	…	…	…	
K1+240		2.32			523.06	
BM_2			0.606		524.782	控制测量测得 BM_2 高程为524.824m

三、误差控制和数据计算

每一测段观测结束后,计算测段的闭合差,在容许范围内时进行中桩地面高程的计算,否则应重测。

(1)根据起始水准点的高程,按照以下公式逐一计算水准点和转点的视线高程和高程,计算结果填在表 4-2 中。

$$视线高程 = 后视点高程 + 后视读数 \tag{4-1}$$

$$高程 = 视线高程 - 前视读数 \tag{4-2}$$

(2)分别计算测段高差 $\Delta h_{中}$ 和水准点高差 $\Delta h_{基}$。

$\Delta h_{中} = BM_2$ 的计算高程值 $- BM_1$ 的高程 $= 524.782 - 512.314 = 12.468(\text{m})$

$\Delta h_{基} = BM_2$ 的高程 $- BM_1$ 的高程 $= 524.824 - 512.314 = 12.51(\text{m})$

(3)计算容许闭合差和闭合差,填入表中并判断测量精度。

三级公路的容许闭合差为 $50\sqrt{L}$ mm,L 为高程测量的路线长度(单位为 km)。$f_{h容} = \pm 50\sqrt{L} = \pm 50\sqrt{1.24} = \pm 56(\text{mm})[L = (K1+240) - (K0+000) = 1.24\text{km}]$。

测段高差闭合差 $f_h = \Delta h_{基} - \Delta h_{中} = 12.51 - 12.468 = 0.042(\text{m}) = 42\text{mm} < f_{h容}$,精度符合要求。

(4)若精度符合要求,继续计算该测段中桩的地面高程,将计算结果记入表中。

$$中桩高程 = 视线高程 - 中视读数 \tag{4-3}$$

第五章 横断面测量

横断面测量是现场实测每个中桩处道路法线方向的地面线，以供内业路基横断面设计、土石方数量计算以及桥涵设计、挡土墙设计之用。

第一节 工作内容与步骤

一、横断面测量方法

道路中线的法线方向剖面称为道路横断面。道路横断面图主要由横断面方向的地面线和设计线所构成。其中地面线表征道路经过地方的横向地形、地物情况，在定测阶段是通过现场实测每个中桩横断面方向一定宽度内的地表特征点数据，再将数据点绘成图而获得的。确定横断面方向的方法有方向架法、经纬仪法、全站仪法等。常用的地表特征点测量方法有手水准仪法、抬杆法、水准仪皮尺法、经纬仪视距法、无棱镜激光测距仪法、全站仪法、GPS RTK 法等。按照项目等级和所配备的测量仪器选用。这些方法的具体介绍见《测量学》相关教材。

二、工作内容和步骤

首先确定中桩处的横断面方向，然后沿该方向分别测量中桩两侧一定宽度范围内地表特征点相对前一个特征点(或中桩)的高差和水平距离。最后记录测量数据到横断面记录表中，同时根据测量数据在米厘格纸上按照一定的比例绘制出横断面地面线图。

三、所需仪器和物品

山区三级公路横断面测量常采用的仪器和物品如表5-1所示。

每队所需仪器和物品　　　　　　　表5-1

序号	名称	数量	备注	序号	名称	数量	备注
1	花杆	2根		6	米厘纸	若干	出工前带够
2	手水准	2个		7	绘图板	1块	大于45cm×30cm
3	皮尺	1把	50m	8	大三角板	1副	
4	方向架	1个	带定向杆	9			
5	横断面记录表	若干					

第二节　横断面方向的确定

横断面方向应与道路中线的切线垂直：直线路段与道路中线垂直；曲线路段与测点的切线垂直。一般可采用方向架定向，精度要求高的横断面定向可采用经纬仪、全站仪定向。如果路线测设时实地没有放样交点桩，或交点距离较远、通视不良，则可采用放样边桩确定横断面方向。对于三级公路，主要采用方向架法或者放样边桩法。

一、方向架法

1. 直线段

(1)将方向架(图5-1)置于直线段准备测量横断面的中桩 A 上(图5-2)；

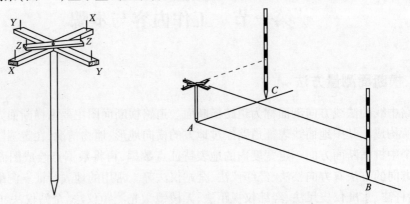

图5-1　方向架　　　　图5-2　方向架确定横断面方向

(2)在直线段上其他任一中桩 B 上立一根花杆；

(3)方向架上有两个相互垂直的固定片，用其中一个三点一线瞄准该中桩 B 上的花杆；

(4)另一个固定片的指向即为中桩 A 的横断面方向，沿该横断面方向立一根花杆 C，该花杆与 A 点连线即为横断面方向。

2. 圆曲线段

圆曲线上任意一点的横断面方向即为该点指向圆心的半径方向。圆曲线上横断面方向确定时采用"等角"原理,即同一圆弧所对的圆周角相等。

(1) 先将方向架立在圆曲线段的起点 A (如测曲线后半段,则放于圆曲线段终点,便于测量)上;

(2) 将方向架的某一固定片(如 Y-Y 轴)对准相邻直线段的某一中桩或交点桩(即圆曲线段的切线方向);

(3) 转动定向杆 Z-Z 前视对准准备测量点 B,拧紧螺母将 Z-Z 杆方向固定;

(4) 将方向架移至测点 B,以方向架的另一固定片(如 X-X 轴)对准圆曲线起点 A,此时定向杆 Z-Z 所指的方向即为曲线上 B 点的横断面方向,如图 5-3 所示;

(5) 沿 Z-Z 轴方向立一根花杆,花杆与 B 点连线即为横断面方向。

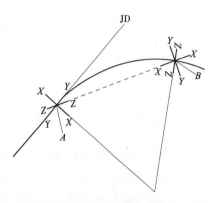

图 5-3 方向架定圆曲线横断面方向

3. 缓和曲线段

缓和曲线上任一点的横断面方向,就是该点切线的垂直方向。对于等级不高的道路,缓和曲线段可按照设置圆曲线段的方法进行。否则按以下方法进行。

如图 5-4 所示,假设需确定 P 点的横断面方向。先用公式 $t_d = \dfrac{2}{3}l + \dfrac{l^3}{360R^2}$ (l 为 P 点到 ZH 点的弧长)计算 t_d,再从 ZH 点沿切线方向量取 t_d 得 Q 点,将方向架置于测点 P,以固定指针 ab 瞄准 Q 点,则固定指针 cd 方向即为 P 点的横断面方向。

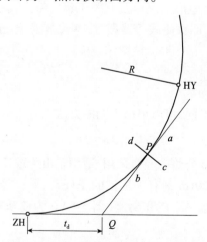

图 5-4 方向架定缓和曲线横断面方向

二、放样边桩法

对于某一中桩,其横断面方向也是该中桩与其边桩的连线方向。放样边桩法是在中桩放样时,把边桩也放出来,边桩与中桩的连线方向即为该中桩的横断面方向。这里的边桩指的是在中桩横断面方向的左右两侧间隔一定距离(从中线向两侧控制一定距离,根据需要给定,一般可取道路宽度的一半)设置的木桩。目前可以使用计算机辅助设计软件将边桩坐标很快计算出来,并与中桩坐标一起导出,然后将一侧边桩随中桩一起放样。这种方法可以简化实地确定横断面方向的过程。

(1)在准备中桩坐标的同时准备边桩坐标。

在完成第三章第二节"准备放样数据"中"生成中桩坐标表"的步骤(1)~(4)之后继续进行以下步骤:

①将纬地土方项目文件(后缀.tf)复制副本;

②然后从 EXCEL 中打开副本文件(打开时勾选制表符和空格),将第 23 行和 24 行的左用地宽和右用地宽数值改为想要的宽度数据(即边桩距中桩的距离,如 2m),然后保存该文件;

③从项目→项目管理器中用修改后的土方文件副本替换原有土方项目文件;

④运行纬地表格→逐桩用地表,完成各桩号的坐标计算;

⑤逐页将逐桩用地表内的中桩和左右边桩坐标数据拷出并保存。

(2)按照第三章的方法在放样中桩的同时放样某一侧的边桩,中桩与边桩的连线即为横断面方向。

第三节　横断面地面线测量

在确定横断面方向后,测出中桩横断面方向上一定宽度范围内地表特征点相对前一点或中桩的高差和水平距离。距离、高差的读数取至 0.1m。施测宽度根据设计需要而定,例如路基宽度、填挖高度、边坡大小、地形情况以及有关工程的特殊要求等,一般要求中线两侧各测 10~50m。对于分离式路基和回头曲线等路段,应测出连通上、下行路线的横断面,并应注明上下线的联系桩号。

一、测量方法

根据地形和精度要求的不同,可以采用不同的方法。

1. 抬杆法(花杆皮尺法)

抬杆法简便、易行,低等级公路中经常采用,适用于山岭重丘区。

这种方法利用两根每隔 20cm 刻有一标记的花杆,一平一竖从路中线分别向左右两侧依次量出各地面变化点之间的水平距离和高差(图 5-5)。为使横杆抬平,利用手水准保证花杆的水平。

如果采用皮尺测量平距,花杆测量高差,就是花杆皮尺法。使用花杆皮尺法一定要注意将皮尺拉紧抬平。

2. 水准仪皮尺法

水准仪皮尺法适用于平原微丘区,测量的精度较高。其测设步骤如下(图 5-6):

(1)根据地形,在中桩的附近安置水准仪,在中桩上立水准尺,读出 a 值;

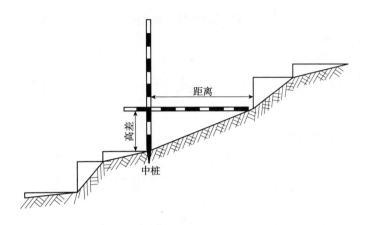

图 5-5　抬杆法

(2)沿横断面方向,分别在地形变化点上立水准尺,读出读数 b_i,同时用皮尺或钢尺丈量地形变化点之间的水平距离 L_i(或到中桩的距离);

(3)计算出各地形变化点与中桩的相对高差 $a-b_i$。

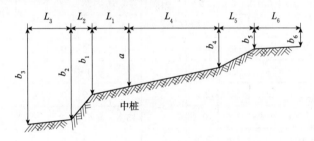

图 5-6　水准仪皮尺法测量横断面

把水准仪换成手水准时就是手水准皮尺法,测设步骤与水准仪皮尺法基本相同。要注意手持手水准时,最好在中桩上立一根花杆,手水准贴紧花杆,并保持一个固定高度。同时注意保持手水准处的视线于水平状态。

3.全站仪法

全站仪法适合平原微丘区和山岭重丘区,测量的精度高。其测设步骤如下:

(1)将全站仪安置于合适的地方,最好一次能观测多个中桩的横断面;

(2)确定好横断面方向后,在中桩上立棱镜,按全站仪斜距测量键测量中桩至测站斜距;

(3)然后移动棱镜于中桩横断面地表特征点处,利用全站仪的对边测量功能,可直接测得该特征点至中桩的平距及高差。

二、数据记录

横断面测量数据按表 5-2 所示的格式记录。测量时,高差和距离可以是相对于前一个地表特征点的,也可以是相对于中桩的。但同一个项目或一个横断面组宜采用相同的格式,记录时应注明。

注意:记录数据时左右方向为面向路线行进方向时的左右。分数的分子表示测段两端的高差,分母表示其水平距离。高差为正表示上坡,为负表示下坡。

横断面测量记录表示例

表 5-2

高差和距离 □相对于前一点　　　　　　　　　　　　　　　　□相对于中桩

左侧 $\left(\frac{高差}{距离}\right)$								桩号	右侧 $\left(\frac{高差}{距离}\right)$							
8	7	6	5	4	3	2	1		1	2	3	4	5	6	7	8
		-1.5	1.2	0	-6	2		+460	-3	0	-2	0				
		5	3	3	12	6			8	15	5	6				
	0	-0.6	-1.5	0	-2	1		+440	-2	0.6	1.2	-0.5	0			
	5	2	4.3	2.8	8	4.9			6.8	2.8	6.5	4	14			
		3	1.8	0	2.5	0.6	2	+420	-1.8	0.6	-2.5	-1				
		8.4	2.5	4	5.8	3	2		4.6	5	8	18				
		4.5	1.6	0	2	0.8	1.8	+400	-2.1	0.6	1	-1.6	-2.5	-1.5	0	
		8.6	3	3.5	6	2.2	3		2	1	4.6	3.9	4	3	15	
					6.4	0	5	ZH +385.362	-4.6	-1.5	0					
					16.8	5.2	15		21	8	15					
					6.8	0	4.8	+360	-4.5	-1.2	0					
					18.1	5.8	16.2		20	6.9	10					
				8.2	0	2.4	2.8	+340	-4	-0.9	0					
				20.6	6.9	3.6	10.2		18.6	8.4	12					
				6.5	0	2.6	2.6	K2+320	-4.2	-1.3	0					
				15.9	8	4.8	10.6		16.5	9.9	12					

三、误差计算

横断面测量观测的除了地表特征点之间的距离和高差外,还可观测最远点到中桩的距离和高差,其与地表特征点之间距离和高差的总和之差应满足规范规定。例如三级公路距离之差$\leqslant L/50 + 0.1(m)$,高差之差$\leqslant h/50 + L/100 + 0.1(m)$。$L$为测点至中桩的水平距离(m),$h$为测点与中桩的高差(m)。

第四节　横断面地面线图绘制

横断面应在现场点绘成图并及时核对。根据横断面测量的数据,在米厘纸上绘出横断面地面线图。绘图比例多采用1:200比例尺,当有特殊需要时可采用1:100。图幅一般采用350mm×500mm。

(1)在图纸上选定某一横断面的大致绘图区域;
(2)在米厘格纸整数粗线条处将中桩零位标出;
(3)在中桩左、右两侧,按照相应的水平距离和高差,逐一将特征点标在图上;

(4)用直线连接相邻各点,即得横断面地面线;

(5)将桩号标明于所在横断面正下方;

(6)如有必要,用简明的文字将地面上的地物情况标注在地面线上,供设计时参考。

注意:绘图顺序是从图纸左下方起自下而上、由左向右,依次按桩号绘制;相邻横断面间预留一定的间距,避免地面线相互重叠,见图 5-7。

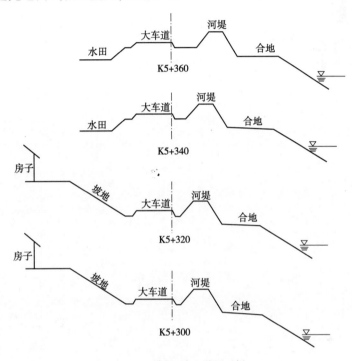

图 5-7　横断面地面线图示例

第六章 内业设计

道路勘测实习的内业设计是道路设计工作的继续与深化。在外业测量的基础上，进一步完善路线的纵断面和横断面设计，完成设计文件的编制。

第一节 工作内容与要求

一、工作内容和步骤

依据纸上定线的路线设计意图和布设情况，根据外业测量资料继续完成纵断面和横断面的详细设计，然后绘图出表，同时完成设计说明书。

1. 路线平面设计

根据纸上定线的平面线形设计成果，继续完成直线、曲线及转角表和逐桩坐标表，并在1:2 000的地形图上，绘制路线平面图。

2. 路线纵断面设计

首先根据外业测得的路线各中桩的地面高程，绘出纵断面地面线；然后综合考虑工程技术和工程经济因素，进行纵坡和竖曲线设计，最后输出纵坡竖曲线表，并绘制纵断面图。

3. 横断面设计

首先根据平面、纵断面的有关设计成果按需要设计支挡防护工程和其他附属设施,绘制路基标准横断面图(一般按照 1∶100 的比例)。然后考虑平曲线的加宽和超高,计算路基设计表。在此基础上,根据横断面地面线,绘制 1∶200 的横断面设计图。最后计算出每一中桩的填挖高程和面积,完成路基土石方数量计算表。

4. 编制设计说明书

说明书的内容主要包括设计依据、设计标准、工程和自然条件概况,以及路线布局方案、平面、纵断面、横断面的设计原则、指标采用、计算说明等。

5. 实习报告

对整个实习过程和各部分的工作内容进行描述和总结。

二、提交成果和要求

道路勘测实习内业设计完成后,每位学生应单独提交下列成果:
(1)实习报告;
(2)设计说明书;
(3)路线平面设计图;
(4)直线、曲线及转角表;
(5)逐桩坐标表;
(6)路线纵断面设计图;
(7)路基标准横断面设计图;
(8)路基设计表;
(9)路基横断面设计图;
(10)路基土石方数量表。

所提交的成果应该满足以下要求:
(1)所有设计文件按规定装订成册,各项原始技术资料整理归档备查;
(2)图表的绘制应符合《公路工程基本建设项目设计文件编制办法》的规定,可以参考《公路工程基本建设项目设计文件图表示例》。

三、所需仪器和资料

每人所需仪器和资料如表 6-1 所示。

每人所需仪器和资料 表 6-1

序号	名 称	数量	备 注	序号	名 称	数量	备 注
1	计算机辅助设计软件	1 套		4	外业测量数据	1 套	纵断面和横断面地面线数据,每队使用相同的资料
2	计算机	1 台					
3	纸上定线资料	1 套	每队使用相同的资料	5	设计规范和标准	1 套	

本章仍以纬地5.88为例,说明用计算机辅助设计软件进行内业设计的过程和步骤。

第二节 平 面 设 计

内业设计中的平面设计只是生成相关的图表,不再进行平面线位的修改和调整。

一、生成直线、曲线及转角表

直线、曲线及转角表集中反映了平面线形设计的成果和数据,是路线平面设计的重要成果之一。表中应列出交点号、交点里程、交点坐标、转角、曲线各要素值、曲线主点桩号、直线长、计算方位角、断链(如果有)等,见表6-2。

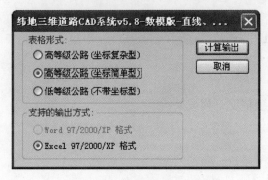

图6-1 生成直线、曲线及转角表

(1)打开"主线平面设计"对话框,单击【计算绘图】绘制出平面线形;

(2)单击菜单【表格】→【输出直曲转角表】,弹出图6-1所示对话框;

(3)根据需要选择"表格形式",单击【计算输出】按钮,启动Excel程序,生成直线、曲线及转角表。

二、生成路线平面图

路线平面图(图6-2)是道路设计文件的重要组成部分。该图全面、清晰地反映了道路平面位置和经过地区的地形、地物等,它是设计人员设计意图的重要体现。

平面图一般常用的比例尺是1:2 000,在平原微丘区可用1:5 000。在地形特别复杂地段的路线初步设计、施工图设计可用1:500或1:1 000。若为纸上移线,则比例尺应更大一些。

路线带状地形图的宽度,一般为中线两侧各100~200m。对1:5 000的地形图,测绘宽度每侧不应小于250m。

路线一律按前进方向从左至右画,在每张图的拼接处画出接图线。在图的右上角注明共×页、第×页。在图纸的空白处注明曲线元素及主要点里程。

各种比例尺的地形图均应展绘和测出各等级三角点、导线点、图根点、水准点等,并按规定的符号表示。各类构造物及其主要附属设施应按《工程测量规范》(GB 50026—2007)的规定绘制在平面图上。

(1)单击菜单【绘图】→【平面图分幅】,弹出图6-3所示对话框;根据平面图绘制的要求设置"分图比例与裁剪""曲线元素表设置""页码设置";

(2)单击【开始出图】,软件在布局内生成每张平面图。这种分图方法实际上并未将模型空间地形图裁开,而只是分别设置了若干个布局窗口显示每页图纸,对设计和修改、保持原有图纸的坐标和位置十分方便。

直 线、曲 线 及 转 角 表

×××工程

表 6-2
第 1 页 共 1 页

交点号	交点坐标 N(X)	交点坐标 E(Y)	交点桩号	转角值	曲线要素值(m) 半径	缓和曲线长度	切线长度	曲线长度	外距	校正值	曲线主点桩号 第一缓和曲线起点	第一缓和曲线终点或圆曲线起点	曲线中点	第一缓和曲线起点或圆曲线终点	第二缓和曲线终点	直线长度及方向 直线段长(m)	交点间距(m)	计算方位角	备注
1	2	3	4	5	6	7	8	9	10	11	12	13	14	15	16	17	18	19	20
JD₁	13137.781	357.877	K0+000															103°27′01.6″	
JD₂	12895	1373	K1+043.752	12°10′12.5″(Y)	3000	220	319.817	637.227	16.999	2.407		K0+723.935	K1+042.548	K1+361.162		723.935	1043.752	115°37′14.1″	
JD₃	12414	2376	K2+153.716	25°50′46.1″(Z)	1600	220	477.399	941.76	42.872	13.037	K1+676.318	K1+896.318	K2+147.198	K2+398.078	K2+618.078	315.156	1112.371	89°46′28″	
JD₄	12419.897	3873.931	K3+638.622	20°45′26.1″(Y)	1304	120	298.11,4	590.967	22.093	5.38	K3+340.448	K3+460.448	K3+635.931	K3+811.415	K3+931.415	722.37	1497.943	110°31′54″	
JD₅	11903.609	5252.482	K5+105.300	20°31′52.8″(Z)	950	100	222.131	440.422	15.901	3.84	K4+883.169	K4+983.169	K5+103.380	K5+223.591	K5+323.591	951.754	1472.059	90°00′01.2″	
JD₆	11903.598	7075.034	K6+924.012													1600.421	1822.552		

编制：   复核：

K0+700,00~K1+400,00	
第2页	共40页

交点号 (JD)	交点桩号	偏角 (*a*)	半径 (*R*)	缓和曲线长 (L_s)	切线长 (*T*)	曲线长 (*L*)	外距 (*E*)
4	K0+770.46	左31°05′34″	88.65	30	39.76	78.11	3.81
5	K0+842.23	右23°35′21″	100	25	33.43	66.17	2.42
6	K0+932.84	左18°58′40″	110	25	30.92	61.43	1.77
7	K0+997.02	右22°10′05″	107.8	25	33.66	66.71	2.3
8	K1+070.54	左28°32′16″	60	25	27.85	54.88	2.36
9	K1+143.46	右17°51′18″	120	25	31.38	62.4	1.69
10	K1+245.28	左19°30′41″	110	25	31.45	62.46	1.85
11	K1+309.70	右14°10′36″	168	25	33.41	66.57	1.45
12	K1+392.80	右15°05′10″	150	25	32.38	64.5	1.48

××公路勘察设计院	××至××公路改建工程	路线平面图	设计		复核		审核		图号		日期
									比例	1:2 000	

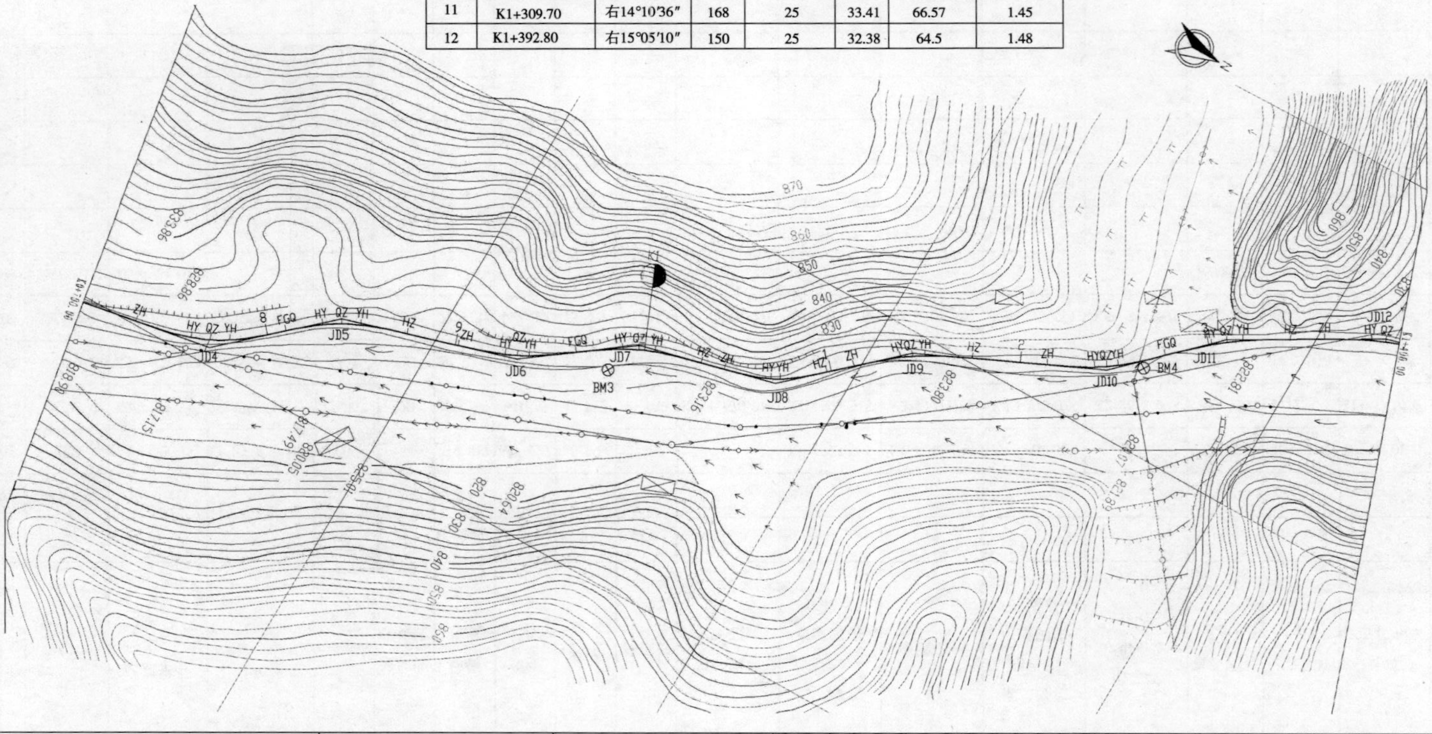

图6-2　路线平面图示例

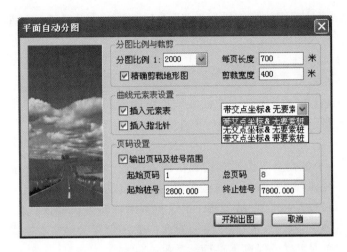

图6-3 平面自动分图对话框

第三节 纵断面设计

内业设计中纵断面的设计方法和步骤与第二章道路定线中的设计方法和步骤基本相同。两者的不同之处在于纵断面地面线数据的来源:道路定线中的纵断面地面线数据来源于数模;内业设计中纵断面地面线数据来源于中平测量。因此在纵断面设计之前需要输入实际测得的纵断面地面线数据。完成纵断面设计之后输出纵坡竖曲线表和纵断面图。

对于纬地软件,在完成平面设计之后,进行纵、横断面设计之前,需要运行设计向导,完成项目相关设计标准和参数的设置。具体操作方法参照第二章道路定线。

一、输入纵断面地面线数据

将通过中平测量得到的逐桩地面高程数据输入纬地软件中。
(1)单击菜单【数据】→【纵断面数据输入】,弹出图6-4所示"纵断面地面线数据编辑器";

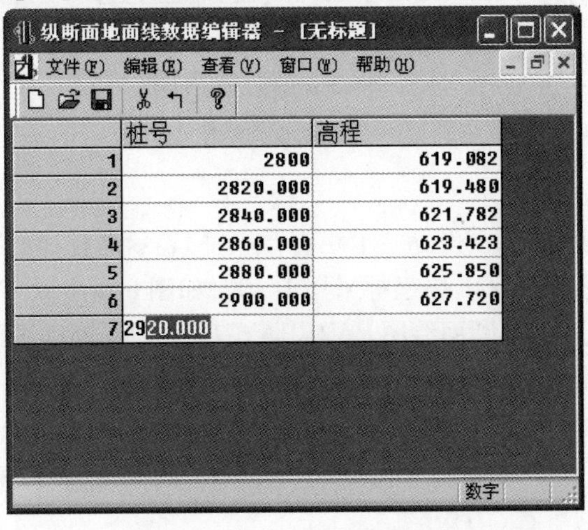

图6-4 纵断面地面线数据编辑器

(2)单击"纵断面地面线数据编辑器"的菜单【文件】→【设置桩号间距】设定按固定间距自动提示下一个要输入的桩号;

(3)在"纵断面地面线数据编辑器"对应的"桩号"和"高程"列表里输入桩号和对应的地面高程;

(4)输完所有数据后,在"纵断面地面线数据编辑器"的工具栏上单击【存盘】按钮,系统将地面线数据写入到指定的数据文件中,并自动添加到项目管理器中。

需要注意的是:

(1)每输入完一个数据后要按回车键确认输入的数据。输入高程数据后回车,系统自动向下增加一行,光标也调至下一行,同时按设定的桩距自动提示桩号;

(2)也可以用写字板、edit、Word 及 Excel 等文本编辑器编辑输入或修改纵断面地面线数据,但数据的格式应为纬地要求的格式,并且存盘时必须保存为纯文本格式。编辑完成后还需向项目管理器中添加编辑好的纵断面地面线数据文件。

二、纵断面设计

根据实测的纵断面地面线数据,参照第二章道路定线中所列的纵断面设计步骤,完成纵断面的设计。

三、输出纵断面设计成果

1. 输出纵坡竖曲线表

(1)单击菜单【表格】→【输出竖曲线表】,弹出图6-5所示对话框;

图 6-5 输出纵坡竖曲线表对话框

(2)选择表格输出方式,输出纵坡竖曲线表,如表6-3 所示。

2. 绘制纵断面图

纵断面图采用直角坐标,以横坐标表示距离,纵坐标表示高程,为了明显地表示地形起伏,通常横坐标的比例尺采用1:2 000,纵坐标采用1:200,如图6-6所示。

(1)单击菜单【设计】→【纵断面绘图】,弹出图6-7 所示"纵断面图绘制"对话框;

(2)设置"绘图"控制中的选项。一般情况下设置的"纵向比例"应该为"横向比例"的10倍。

(3)"绘图栏目选择"。一般情况下,施工图按图6-7 的设置即可,单击【高级】按钮可以为每个绘图栏目进行详细的设置(图6-8)。

纵坡、竖曲线表示例

表 6-3 第 1 页 共 1 页

工程名称：

序号	桩号	标高 (m)	凸曲线半径 R(m)	凹曲线半径 R(m)	变向线 切线长 T(m)	变向线 外距 E(m)	起点编号	终点编号	纵线(%) +	纵线(%) -	变坡点间距 (m)	直坡段长 (m)	备注
0	K0+000	1 020.021 6							0.060 613 333	750	597.495 179 5		
1	K0+750	1 020.476 2		20 000	152.504 820 5	0.581 443 007	K0+597.495	K0+902.505	1.585 661 538	650	397.948 769 2		
2	K1+400	1 030.783	10 000		99.546 410 26	0.495 474 39	K1+300.454	K1+499.546		−0.405 266 667	450	250.453 589 7	
3	K1+850	1 028.959 3		14 982.533 52	100	0.333 721 93	K1+750	K1+950	0.929 621 053	950	649.999 999 7		
4	K2+800	1 037.790 7	54 090.684 6		200.000 000 3	0.369 749 435	K2+600	K3+000	0.190 122 184	440	135.510 629 4		
5	K3+240	1 038.627 238		8 000	104.489 370 3	0.682 376 781	K3+135.511	K3+344.489	2.802 356 441	270	85.734 624 01		
6	K3+510	1 046.193 6	6 000		79.776 005 72	0.530 350 924	K3+430.224	K3+589.776	0.143 156 25	320	104.853 819 6		
7	K3+830	1 046.651 7		25 000	135.370 174 6	0.366 501 684	K3+694.630	K3+965.370	1.226 117 647	340	134.629 825 4		
8	K4+170	1 050.820 5	41 057.607 16		70	0.059 672 255	K4+100	K4+240	0.885 133 333	300	35.744 634 15		
9	K4+470	1 053.475 9		16 539.649 1	194.255 365 9	0.628 919 119	K4+275.745	K4+664.255		−0.409 902 439	410	101.759 815 1	
10	K4+880	1 051.795 3	30 000		113.984 819 1	0.392 769 487	K4+766.015	K4+993.985	0.968 419 657	350	125.718 309 7		
11	K5+230	1 055.184 769		10 000	110.296 871 2	0.608 269 99	K5+119.703	K5+340.297	3.174 357 082	147.927	37.630 128 78		
12	K5+377.927	1 059.880 5											

编制： 复核：

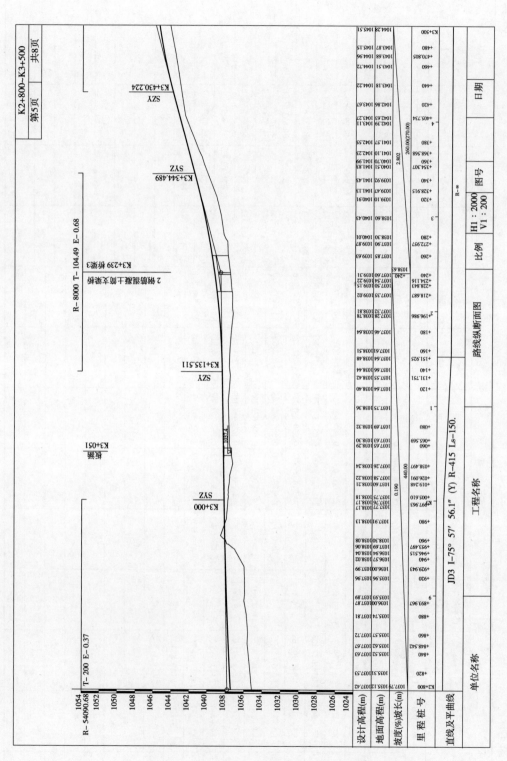

图 6-6 路线纵断面示意图

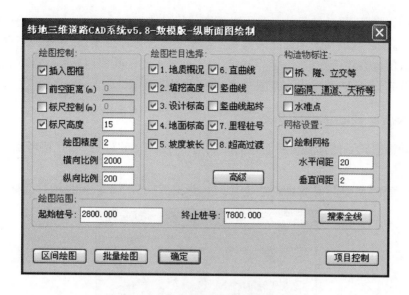

图 6-7　纵断面图绘制对话框

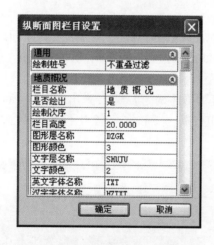

图 6-8　纵断面绘图栏目设置

(4)设置纵断面图中的"构造物标注"和"网格设置"。在设置网格间距中的"水平间距"和"垂直间距"时,单位均以 m 计,如果图纸横向比例为 1∶2 000,网格的水平距离输入 20m,则打印输出的图纸中网格线的水平间距为 1cm。

(5)设置绘图范围。绘制全线的纵断面图时,单击【搜索全线】按钮,软件自动搜索出全线的起始桩号和终止桩号。

(6)单击【批量绘图】按钮分幅绘制纵断面图。根据提示,输入起止页码和图形插入点;单击【区间绘图】按钮不分幅绘制纵断面图,根据提示,只需要输入图形插入点。

第四节　横断面设计

内业设计中横断面的设计方法与思路与第二章道路定线中大体相同,但更为细致和完善。

在道路定线中，横断面设计的目的是为了检查路线设计方案的合理性，并不输出设计成果。在内业设计中，需要在现场实测地面线的基础上对横断面进行详细设计，并按规范规定输出横断面设计成果。因此在横断面设计之前需要输入实际测得的横断面地面线数据。完成横断面设计之后输出路基设计表、路基土石方数量表，并绘制横断面图。

一、输入横断面地面线测量数据

通过外业测量得到的逐桩横断面地面线数据，采用纬地软件提供的"横断面数据输入"工具输入。

（1）单击菜单【数据】→【横断面数据输入】，弹出图6-9所示桩号提示对话框。

图6-9　桩号提示对话框

如果已经输入了纵断面地面线数据，则应该选择"按纵断面地面线文件提示桩号"，这种提示方式可以避免出现纵、横断面数据不匹配的情况；否则选择"按桩号间距提示桩号"，并在"桩号间距"编辑框中输入桩距。

（2）单击桩号提示对话框中的【确定】按钮，弹出图6-10所示横断面地面线数据输入工具；在该界面中，每三行为一组数据，分别对应一个中桩的桩号、左侧地面线测量数据、右侧地面线测量数据。

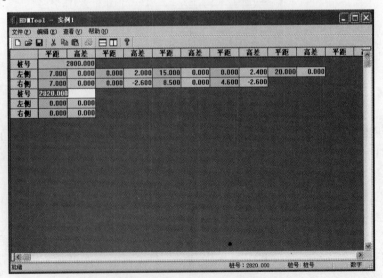

图6-10　横断面地面线数据输入工具

（3）在确认或输入桩号后回车，光标自动跳至第二行开始输入左侧地面线数据，每组数据包括两项，即平距和高差。左侧输入完毕后，直接按两次回车，光标便跳至第三行，输入右侧地面线数据，如此循环输入。

（4）输完数据后，在工具栏上单击【存盘】按钮，将横断面地面线数据写入到指定的数据文件，并自动添加到项目管理器中。

说明：

（1）横断面地面线输入界面里的平距和高差既可以是相对于前一地形变化点，也可以是相对于中桩的；但最终用于后期设计的横断面地面线数据的平距和高差必须是相对于前一地形变化点的；如果输入时每个地形变化点的平距和高差是相对于中桩的，则输入完成后，必须通过菜单【数据】→【横断面数据转换】→【相对中桩】→【相对前点】进行转化。

（2）也可以使用写字板、edit、Word 及 Excel 等文本编辑器编辑修改横断面地面线数据，然后在项目管理器中添加横断面地面线数据文件。但请注意数据的格式为纬地要求的横断面地面线格式，并且存盘时必须保存为纯文本格式。

二、横断面设计

参照第二章道路定线关于横断面设计的操作步骤，完成以下第 1～3 步的设计。

1. 路基设计计算（略）

2. 支挡防护工程设置（略）

3. 横断面图绘制（略）

4. 横断面图修改

因地形和地质条件的复杂多变，不管采用什么计算机辅助设计系统，无论把系统做得多么完善，总会有一些不合实际的设计断面出现，需要设计者进行修改。纬地提供了基于 AutoCAD 图形界面的横断面修改功能，操作步骤如下：

（1）打开或用"横断面设计绘图"功能生成横断面图；

（2）在 AutoCAD 中，将横断面图中的"sjx"图层设置为当前层；

（3）用 AutoCAD 的"explode"命令炸开整条连续的设计线，并对其进行修改；

（4）在完成修改后单击【设计】→【横断面修改】，按照提示点选修改过设计线的横断面图中心线，系统开始重新搜索修改后的设计线并计算填挖方面积、坡口坡脚距离以及用地界等，同时弹出横断面修改对话框（图 6-11）；

（5）根据需要修改对话框中各个选项的内容，修改完成后单击【修改】按钮，系统刷新项目中土方数据文件 *.TF 里该断面的所有信息和横断面图形，实现数据和图形的联动。

说明：

（1）修改横断面设计线一定要在设计线图层（"sjx"）上进行，不要将与设计线无关的文字、图形绘制到设计线图层中，以免影响系统对设计线数据的快速搜索计算；

（2）修改后的设计线必须是连续的，且与地面线相交，否则无法完成横断面修改；

（3）截水沟也在设计线图层上修改，系统不将截水沟的土方计入断面面积中，但会自动将用地界计算到截水沟以外；

（4）横断面修改功能所搜索得到的填挖方面积只是纯粹的设计线与地面线相交所得到的面积，并未考虑路槽、清表等。

5. 横断面重新分图

修改完个别横断面后，横断面的大小可能发生了改变，为了保证最终生成的横断面图整齐美观,需要重新调整排列横断面在图框中的位置。"横断面重新分图"功能可以解决横断面自动排版分图的问题。

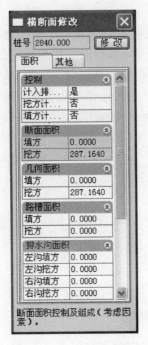 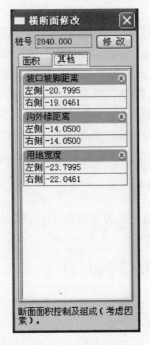

图 6-11 横断面修改对话框

(1)在所有横断面修改完并最终确定后,单击【设计】→【横断面重新分图】,弹出横断面重新分图对话框(图 6-12)。

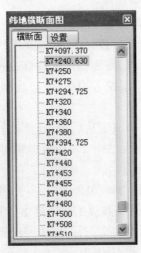 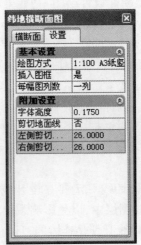

图 6-12 横断面重新分图对话框

(2)单击重新分图对话框中的"设置"选项,切换到设置界面(图 6-12)。在设置界面内完成有关的绘图设置(设置的内容与前面的横断面设计对话框中的"绘图控制"相同)。

(3)分图参数设置完成后,单击【横断面】选项,切换到横断面桩号列表栏,选择分图范围。此时系统默认所有桩号全部选中,桩号列表显示为蓝色,使用鼠标右键菜单的"全选"命令来选择全部桩号进行分图,还可以使用"Shift"键选择桩号列表中某一区间范围的桩号重新分图。

(4)重新分图的桩号范围选定后,按鼠标右键,选择"分图"命令,并根据 AutoCAD 命令行提示"选取绘图起点:",在图形屏幕上点选绘图起点位置,系统在当前位置开始对所选桩号范围的横断面全部重新分幅排列。

三、输出横断面设计成果

1. 输出路基设计表

(1)单击菜单【表格】→【输出路基设计表】,弹出图 6-13 所示对话框。

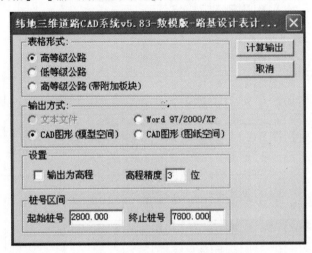

图 6-13　输出路基设计表对话框

(2)选择【表格形式】。

(3)选择路基设计【输出方式】。一般情况下,建议使用"CAD 图形(模型空间)"的输出方式。

(4)设置路基设计表中是否标注"高程"值和输出高程或高差值时小数点后保留的小数位数。不选择的情况下,输出横断面上各高程点与设计高程之高差。

(5)输入"绘图区间"的起始桩号和终止桩号。

(6)单击【计算输出】按钮,在当前图形的模型空间或布局窗口中自动分页输出路基设计表(表 6-4)。

2. 绘制路基横断面图

横断面图的输出与横断面设计界面相同。横断面图中各个断面的排列顺序是按里程从下到上、从左向右排列,每个断面图上一般需要标明桩号、左右路基宽度、中桩填挖高、填挖面积,如图 6-14 所示。

3. 路基土石方数量表

(1)单击菜单【表格】→【输出土方计算表】,弹出图 6-15 所示对话框;

(2)选择【计算模式】,若选择"每公里表"选项,在土石方计算表输出时会每公里作一次断开,便于查询统计每公里土石方计算表;

路 基 设 计 表 示 例

表 6-4
第 4 页 共 4 页

工程名称：

桩号	平曲线			竖曲线			地面高程(m)	设计高程(m)	填挖高度(m)		路基宽度(m)								以下各点高程(m)							坡口/坡脚至中桩距离(m)		备注
	左偏	右偏		凹形	凸形				填	挖	左侧			中分带	右侧			左侧				右侧			左侧	右侧	
											W1	W2	W3	W0	W3	W2	W1	A1	A2	A3	A3	A2	A1			
K1+820							1027.96	1029.24	1.28		0.75	3.50	0.75	0.00	0.75	3.50	0.75	1029.14	1029.16	1029.17	1029.17	1029.16	1028.14	6.96	6.53	
+820.279				R-14982.53	1028.96		1027.97	1029.24	1.28		0.75	3.50	0.75	0.00	0.75	3.50	0.75	1029.14	1029.16	1029.17	1029.17	1029.16	1029.14	6.95	6.59	
+840				T-100	K1+850		1027.50	1029.27	1.77		0.75	3.50	0.75	0.00	0.75	3.50	0.75	1029.16	1029.19	1029.20	1029.20	1029.19	1029.16	7.06	7.23	
+848.199				E-0.33			1027.00	1029.29	2.29		0.75	3.50	0.75	0.00	0.75	3.50	0.75	1029.18	1029.20	1029.22	1029.22	1029.20	1029.18			
+855.219							1026.90	1029.31	2.41		0.75	3.50	0.75	0.00	0.75	3.50	0.75	1029.20	1029.22	1029.24	1029.24	1029.22	1029.20			
+857.726							1027.00	1029.32	2.32		0.75	3.50	0.75	0.00	0.75	3.50	0.75	1029.21	1029.23	1029.25	1029.25	1029.23	1029.21			
+860							1027.30	1028.32	2.02		0.75	3.50	0.75	0.00	0.75	3.50	0.75	1029.22	1029.24	1029.25	1029.25	1029.24	1029.22	7.09		
+880							1027.83	1029.40	1.57		0.75	3.50	0.75	0.00	0.75	3.50	0.75	1029.29	1029.32	1029.33	1029.33	1029.32	1029.29	7.31	7.19	
+900							1027.87	1029.51	1.64		0.75	3.50	0.75	0.00	0.75	3.50	0.75	1029.40	1029.42	1029.44	1029.44	1029.42	1029.40	7.37	7.32	
+917.583							1028.00	1029.62	1.62		0.75	3.50	0.75	0.00	0.75	3.50	0.75	1029.52	1029.54	1029.55	1029.55	1029.54	1029.52	7.37	7.34	
+920							1027.96	1029.64	1.68		0.75	3.50	0.75	0.00	0.75	3.50	0.75	1029.53	1029.56	1029.57	1029.57	1029.56	1029.53	7.45	6.98	
+937.258							1027.71	1029.78	2.07		0.75	3.50	0.75	0.00	0.75	3.50	0.75	1029.67	1029.69	1029.71	1029.71	1029.69	1029.67	8.05	6.82	
+940	K1+951.755 (ZH)			ZD +950			1027.77	1029.80	2.03		0.75	3.50	0.75	0.00	0.75	3.50	0.75	1029.69	1029.71	1029.73	1029.73	1029.71	1029.69	8.15	6.08	
+951.755							1028.24	1029.91	1.67		0.75	3.50	0.75	0.00	0.75	3.50	0.75	1029.81	1029.82	1029.84	1029.84	1029.82	1029.80	8.49	5.96	
+980							1028.44	1029.98	1.54		0.75	3.50	0.75	0.00	0.75	3.50	0.75	1029.88	1029.90	1029.91	1029.91	1029.91	1029.91	8.28	5.75	
+960							1028.96	1030.17	1.21		0.75	3.50	0.75	0.00	0.75	3.50	0.75	1030.07	1030.08	1030.10	1030.21	1030.22	1030.20	8.17	5.76	
K2+000							1029.30	1030.35	1.05		0.75	3.50	0.75	0.00	0.75	3.50	0.75	1030.22	1030.24	1030.26	1030.45	1030.47	1030.44	7.64		

编制：　　　　　复核：　　　　　审核：

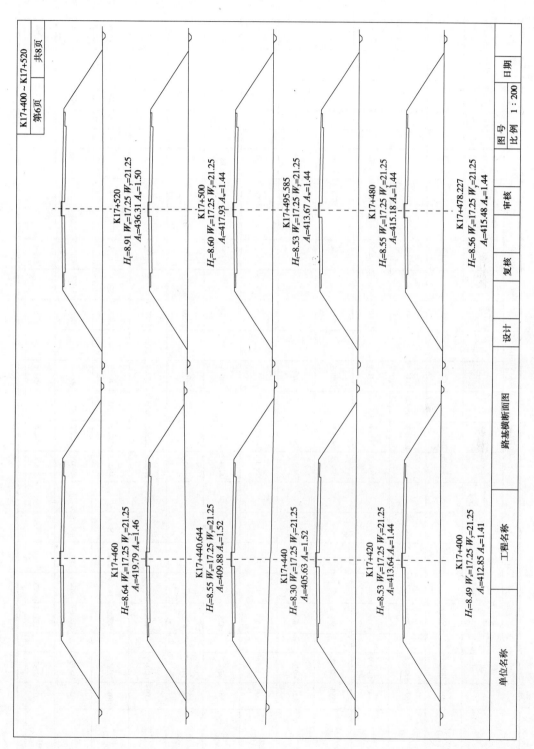

图 6-14 路基横断面图示例

路基土石方数量表示例

表6-5
第1页 共2页

×××工程

起讫桩号	长度(m)	总体积	挖方 (m³)					填方(m³)			本桩利用(m³)		远运利用				借方				废方			备注
			土方		石方			总数量	土方	石方	土方	石方	土方(m³)	石方(m³)	平均运距(km)		土方(m³)	平均运距(km)	石方(m³)	平均运距(km)	土方(m³)	石方(m³)	平方远距(km) 土方	平方远距(km) 石方	
			松土	普通土	硬土	软石	次坚石	坚石								土方	石方								
K286+096.480~K287+000	904	4850.1		4850.1					294003	294003		1706.6		2474.6		0.129		25219.1	0.388						
K287+000~K288+000	1000	37089.2		208563	11126.8	1021.2	4084.9		26305.6	20755.4	55502	2147.7		13093.1	5550.2	0.141	0.142	5514.5	1.051						
K288+000~K289+000	1000	1349.9		1349.9					42840.0	42840.0		1041.9		13068.6		0.628		28729.6	1.992						
K289+000~K290+380	1380	20942		2094.2					9884.8	9884.8		1089.4		715.9		0.042		8079.4	1.561						
K290+380~K291+000	620	0.8		0.8					28465.9	28465.9		0.7						284653	1.410						
K291+000~K292+000	1000	6.1		6.1					31913.1	31913.1		53						31907.9	1.528						
K292+000~K292+740	740	436.5		436.5					16294.6	16294.6		259.4		116.9		0.052		159182	0.862						
K293+500~K294+000	500	918.7		918.7					42362.6	18352.6	4009.9	772.0		37560.7	4009.9	1341	0.639								
K294+000~K295+000	1000	85090.8		462923	15912.9	15257.1	38143	38143	87120.3	66254.5	20865.8	8333.8	883.8	57920.7	19982.0	0.193	0.177								
K295+000~K296+000	1000	2038543		196328.1	3763.1	2508.7	1254.4		44202.3	42891.1	1310.8	14012.1	434.0	28879.4	876.8	0.138	0.057					93245.0	2557.1	2.106	0.735	
K296+000~K297+020	1020	145969.5		120238.8	12874.1	8571.1	4285.5		40840.9	40023.2	817.7	9504.0		30519.2	817.7	0.175	0.053					94914.4	121043	0.722	0.568	
K297+020~K299+334.500	2315	42266.7		33813.4	84533				3398.4	3398.4		1661.8		1736.6		0.049						30312.2		0.326		

续上表

起讫桩号	长度(m)	挖方 (m³)						填方 (m³)			本桩利用		远运利用				借方				废方				备注
		总体积	土方			石方		总数量	土方	石方	土方	石方	土方(m³)	石方(m³)	平均运距(km)		土方(m³)	平均运距(km)	石方(m³)	平均运距(km)	土方(m³)	石方(m³)	平方运距(km)		
			松土	普通土	硬土	软石	次坚石	坚石								土方	石方							土方	石方	
K299+334.500~K300+000	666	129527.2		1080562	9173.1	5472.3	6825.7		45605.1	12237.7	133673	6323.5	3597.6	25914.2	9769.7	0.245	0.030					75698.3		0.247		
K300+000~K301+000	1000	68575.4		37485.3	124442	7158.2	9760.9	1726.8	137392.7	117125.4	202673	286522	7161.9	88473.2	13105.4	0.491	0.039									
K301+000~K302+000	1017	216449.5		1500832	455252	13766.6	6334.1	740.5	43422.6	37385.4	6037.2	11528.1	3779.7	25857.3	2257.5	0.098	0.023					72956.0	15286.9	0.893	0.814	
K302+000~K304+455	2405	32052.0		3752.7	2287.0	12547.1	11999.6	1465.7	8015.9	11723	6843.6	301.5	67.5	870.8	6776.1	0.125	0.120					47083	197163	0.478	0.390	
K304+405~K305+000	595	143330.8		41945.4	14121.1	43629.1	38969.1	4666.1	46586.6	6781.4	5380.9	3697.0	1861.1	1084.4	3519.8	0.037	0.032					46467.6	60603.4	0.433	0.429	
K305+000~K306+000	1000	50572.0		21904.6	2502.6	12616.8	38969.1	1224.7	49069.2	21312.2	25274.7	6533.6	4818.0	14778.6	20456.7	0.183	0.221									
K306+000~K309+925	3925	21060.3		7708.3	2223.0	6182.8	49462		10208.7	38860.5	6752.7	3456.0	2312.0	6752.7	36548.6	0348	1.028	3647.8	0.713							
K309+925~K310+000	75								3647.8		3647.8							17260.1	1.054							
K310+000~K310+455	455	1019.8		917.8	102.0				18144.9	18144.9		438.7		446.1		0.035										
小计		1186514.0	0.0	799038.7	1405682	128730.9	104598.1	13638.1	767076.1	618490.0	148586.0	101485.1	24915.6	352263.1	125670.4			164741.9		0.0		418301.9	110268.0			

编制：　　　　　　　　　　　　复核：

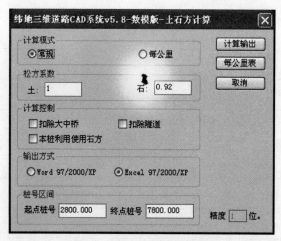

图 6-15 输出土方计算表对话框

(3)输入土方和石方的"松方系数"。松方系数是指压实方与自然方之间的换算系数；

(4)选择【计算控制】，可以选择在输出土石方计算表时是否扣除大中桥、隧道的土方数量，本桩填方是否利用本桩挖方中的石方；

(5)选择【输出方式】，选择土石方计算表为"Word"格式还是"Excel"格式；

(6)单击【计算输出】按钮，输出路基土石方数量计算表，如表 6-5 所示。

提示： 输出路基土石方数量表之前，需要在控制参数输入中分段输入土石分类比例。

第五节　设计说明书

一、编写内容

道路勘测实习说明书应包括外业勘测和内业设计两个方面。外业勘测说明应包括实习路段的地形地貌、地质、水文、气候等自然条件，路线设计依据与设计标准，道路定线方法，路线布局方案，外业测量程序和各项工作的基本内容。内业设计说明应包括平面、纵断面、横断面的设计原则、指标采用、计算说明以及设计成果等。

二、目录示例

设计说明书目录示例：
1　设计概述
1.1　目的和要求
1.2　设计依据
1.3　公路设计概况
1.4　公路起讫点桩号和坐标
1.5　设计三级公路的意义
1.6　地形地貌及沿线情况简介

2 定线

2.1 路线方案的拟定和比选

2.1.1 定线应考虑的因素

2.1.2 路线方案的比选

2.2 纸上定线

2.2.1 山岭、重丘区定线的步骤

2.2.2 交点间距、坐标方位角及转角值的计算

2.2.3 直线上中桩坐标的计算

2.2.4 简单介绍单曲线中桩坐标计算

3 平面设计

3.1 直线设计

3.1.1 直线的最大长度

3.1.2 直线的最小长度

3.2 圆曲线设计

3.2.1 圆曲线最小半径

3.2.2 圆曲线最大半径

3.3 缓和曲线设计

3.3.1 缓和曲线的最小长度应满足的要求

3.3.2 缓和曲线的最小长度

3.4 平曲线线形设计

3.4.1 平曲线线形选择原则

3.4.2 平曲线最小长度

3.4.3 平面线形要素的组合类型

4 纵断面设计

4.1 纵坡设计的一般要求

4.2 纵断面设计方法与步骤

4.3 纵坡设计

4.3.1 最大纵坡

4.3.2 最小纵坡

4.4 坡长设计限制

4.4.1 最小坡长

4.4.2 最大坡长

4.5 竖曲线设计

4.5.1 竖曲线最小半径

4.5.2 竖曲线最大半径

4.5.3 竖曲线最小长度

4.5.4 简单介绍竖曲线设计高程的计算

4.6 平、纵曲线组合

4.6.1 平、纵组合的设计原则

4.6.2 平、纵组合的基本要求
4.7 合成坡度
5 横断面设计
5.1 横断面设计原则
5.2 横断面设计的基本要求
5.3 横断面设计步骤
5.4 超高设计
5.4.1 最大超高
5.4.2 简单介绍超高值的计算
5.4.3 简单介绍横断面超高值的计算
5.5 加宽设计
5.5.1 简单介绍加宽值的计算
5.6 视距设计
5.6.1 三级公路对视距的要求
5.6.2 行车视距的保证
6 土石方量计算及调配
6.1 土石方数量计算

参 考 文 献

[1] 中华人民共和国行业标准.JTG B01—2014 公路工程技术标准[S].北京:人民交通出版社股份有限公司,2014.

[2] 中华人民共和国行业标准.JTG D20—2006 公路路线设计规范[S].北京:人民交通出版社,2006.

[3] 中华人民共和国行业标准.JTG C10—2007 公路勘测规范[S].北京:人民交通出版社,2007.

[4] 中华人民共和国国家标准.GB 50026—2007 工程测量规范[S].北京:中国计划出版社,2007.

[5] 许金良.道路勘测设计[M].4版.北京:人民交通出版社股份有限公司,2016.

[6] 杨少伟,等.道路勘测设计[M].3版.北京:人民交通出版社,2009.

[7] 许娅娅,雒应,沈照庆.测量学[M].4版.北京:人民交通出版社股份有限公司,2014.

[8] 潘兵宏,赵一飞,慕慧.道路桥梁与渡河工程专业实验教学指导丛书:道路勘测设计分册[M].北京:人民交通出版社,2010.

[9] 潘兵宏.公路路线计算机辅助设计与实例M].北京:人民交通出版社,2007.